Architectural Thermal Environment

Yuzo Sakamoto
坂本雄三

建築熱環境

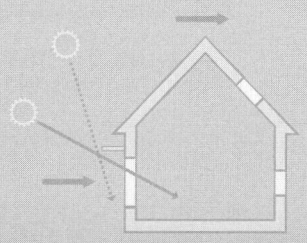
東京大学出版会

Architectural Thermal Environment
Yuzo SAKAMOTO
Uiversity of Tokyo Press, 2011
ISBN978-4-13-062850-1

まえがき

　本書は，筆者が東京大学工学部建築学科で「建築熱環境」の講義に使用した「手製の講義資料」に加筆と修正を行い，大学用の教科書として取りまとめたものである．想定した読者は，もちろん大学の建築学科の学生であり，14〜15回の授業で終了する内容になっている．また，近年の環境・エネルギー問題に対する関心の高まりから，一般の方々も住宅の熱環境や省エネルギーに興味を持っていることを考慮して，非理科系の人にも理解できるように，平易な説明で記述されている．本書は，大学の工学系の教科書ではあるが，数学的なバックグラウンドとしては高校生レベルしか要求していない．本書の内容の大半は，加減乗除だけを用いて記述されている．

　本書は，東京大学において筆者の前に本講義を担当されていた松尾陽先生（現在東京大学名誉教授，筆者の恩師）が形づくられたコンテンツを継承している．本書の第2章から第6章までの，「人体と熱環境」，「建築部位の伝熱特性」，「定常伝熱モデルと住宅の省エネルギー基準」，「日射と太陽エネルギーの利用」，「湿気と結露防止」が，そのコンテンツである．これらのコンテンツは，建築熱環境という分野の言わば古典であり，いままでに何人もの専門家がほぼ同様なコンテンツで教科書を執筆している．本書では，こうした古典的な領域をこの分野の基幹部と考え，オーソドックスに解説するとともに，関連する近年の話題である住宅断熱と壁体防湿，太陽光発電などについても，基本の応用という観点から紹介している．

　さて，本書の特徴といえば，それは第1章，第7章，および，第8章にあるかもしれない．第1章は，近年の地球環境問題と建築環境工学について論述したものであり，建築の関係者であれ一般人であれ，現代人が建築熱環境を学ぶことの重要性について解説している．第7章は，非定常な熱解析について述べたものであるが，従来のこの分野の教科書や専門書のそれと比較すると，本書は著しく淡白な内容になっている．これは，本書の読者層やコンテン

ツの全体的なバランスを勘案して，意図的に行ったことである．最近の教科書には，20世紀の後半にコンピュータの発達とともに著しく発展した非定常解析手法（すなわち熱負荷シミュレーション）を取り上げているものが多い．しかし，本書では，こうした高度な数理サイエンスについては他書に委ねることにした．そして，その代わりと言っては適切でないが，第8章においてヒートポンプについてかなり突っ込んだ解説をした．建築環境の教科書に設備の1つであるヒートポンプをテーマ取り上げたものは稀と思われるが，建築熱環境と省エネルギーを語るうえで，ヒートポンプは省略できない重要性を有するので，あえて取り上げた．

建築熱環境は，快適で衛生的な室内環境に関する設計原理を探究する学問として，建築学の分野の中で発展をとげてきた．そして戦後の高度経済成長による冷房の普及に伴い空調設備工学と深い関係を持つようになり，さらには，昨今の環境・エネルギー問題に直面して，断熱やソーラーハウスなどの実用的な領域が拡大した．しかし，本書では，こうした建築・住宅の実務における応用・展開に関しては，誌面の制約から一部が紹介されているだけであり，十分に語られているわけではない．今後，こうした建築・住宅の実務における応用や展開について，学術的な観点から解説した専門書や教科書が発行されることを期待したい．

建築・住宅は，言うまでもなく，社会基盤の一部であり，国民の豊かな生活を担保するものの1つである．地球的な環境・エネルギー問題という大きな制約の中で，将来にわたり国民が豊かな生活を実感するためには，建築熱環境を，建築学とエネルギー工学の両面から学び考察して，柔軟な解答を見出していかねばなるまい．こうした課題に対して本書がわずかでも貢献できれば，筆者の本望である．

最後に，今回，本書の出版を実現していただいた東京大学出版会に謝意を表したい．

目次

まえがき

第1章 環境時代における建築環境工学 — 001

1.1 環境負荷とサステナブル建築 001

1.2 地球温暖化問題と建築でのエネルギー消費 005

1.3 建築と熱環境 011

1.3.1 熱環境を学ぶ目的／1.3.2 伝統的民家と熱環境／1.3.3 本書で使用する温度と熱の単位

第2章 人体と熱環境 — 019

2.1 目的と意義 019

2.2 人体の熱収支 020

2.3 温熱感覚要素 022

2.3.1 活動状態／2.3.2 着衣状態／2.3.3 平均放射温度

2.4 温熱環境指標 027

2.4.1 SET*／2.4.2 PMV

2.5 温熱環境指標と室内環境条件 032

第3章 建築部位の伝熱特性 — 035

3.1 目的と意義 035

iii

3.2 建築における伝熱の様相 035
3.2.1 伝熱要素の分類／3.2.2 伝熱モデルにおける仮定と近似

3.3 貫流熱 040
3.3.1 熱貫流率／3.3.2 熱伝導率と熱抵抗／
3.3.3 空気層の熱伝達と熱伝達抵抗／
3.3.4 対流熱伝達と放射熱伝達／3.3.5 総合熱伝達率と室温／
3.3.6 構造熱橋と実質熱貫流率

3.4 換気に伴う輸送熱 055

3.5 透過日射 057
3.5.1 日射の透過，吸収，反射と日射取得熱／
3.5.2 透明外皮の日射侵入率／3.5.3 不透明外皮の日射侵入率

3.6 内部発熱 062

3.7 蓄熱 063

3.8 潜熱 063

第4章 定常伝熱モデルと住宅の省エネルギー基準 065

4.1 目的と意義 065

4.2 定常伝熱モデルと自然室温 065

4.3 熱損失係数と日射取得係数 068

4.4 暖冷房と熱負荷 072

4.5 住宅の省エネルギー基準 074
4.5.1 背景と変遷／4.5.2 地域区分と暖房デグリーデー／
4.5.3 熱損失係数(保温性の指標)／
4.5.4 相当隙間面積(気密性の指標)と木造住宅／
4.5.5 日射取得係数(遮熱性の指標)

第5章 日射と太陽エネルギーの利用　087

- 5.1 目的と意義　087
- 5.2 日射と太陽位置　087
  - 5.2.1 放射とスペクトル／5.2.2 太陽位置
- 5.3 建築壁面と外界放射量　093
  - 5.3.1 地上における日射量／5.3.2 建築壁面における日射量／
  - 5.3.3 大気放射と夜間放射／5.3.4 放射の等価温度差と相当外気温
- 5.4 太陽エネルギーの利用　103
  - 5.4.1 ソーラーハウスと太陽熱利用／
  - 5.4.2 太陽光発電とネットゼロエネルギー建築(ZEB)

第6章 湿気と結露防止　111

- 6.1 目的と意義　111
- 6.2 建築における水分の挙動　113
  - 6.2.1 湿度の表示方法と湿り空気線図　113
  - 6.2.2 水分の発生と移動　115
- 6.3 室内湿度と結露　118
  - 6.3.1 室内湿度と潜熱負荷／6.3.2 外皮の断熱性と表面結露／
  - 6.3.3 壁体内結露とその対策
- 6.4 材料の吸放湿性と湿度　126
  - 6.4.1 吸放湿性／6.4.2 平衡含水率と熱水分同時移動

第7章 蓄熱と室温変動　131

- 7.1 目的と意義　131
- 7.2 非定常熱伝導方程式(熱拡散方程式)　132

7.3 　室の熱容量と熱回路近似 133

第8章　暖冷房とヒートポンプ …… 139

8.1 　建築外皮と暖冷房設備 139

8.2 　ヒートポンプの仕組み 140

　　　8.2.1 ヒートポンプとは／8.2.2 ヒートポンプの仕組みと機能

8.3 　ヒートポンプのエネルギー効率 144

　　　8.3.1 理想サイクルにおけるCOP／8.3.2 部分負荷効率／
　　　8.3.3 1次エネルギー効率と大気熱利用

エピローグ ◆ 建築の熱環境設計へ展開するために 153

索引 155

第1章 環境時代における建築環境工学

1.1　環境負荷とサステナブル建築

　本書は環境問題ではなく建築学に関する教科書であるが，まずは地球環境問題のことから語らねばならない．なぜなら，20世紀の後半になって確認されはじめた地球環境における変化の兆しは，ほとんどが人間の行為が原因であると推測されているからである．たとえば，「地球規模での温暖化」は「化石エネルギーの消費」が原因であるとか，「オゾン層の破壊」は「フロンガスの使用」が原因であると推測されている．そして，こうした環境変化と人間の行為とを結びつける因果関係は，地球温暖化懐疑論者などが不可思議な見解を提示していることを除けば，多くの学者や知識人に科学的に正しいと認められており，多くの一般人にも浸透している．

　このような状況の中で「環境負荷」という概念がつくられ，多くの人が理解するようになった．この概念は，地球環境に影響を及ぼし，地球環境を悪化させる人間の活動・行為の総量のような意味を持っているが，まだ学問体系の中に組み込めるほど明快な概念にはなっていない．しかし，大まかに問題を認識し，その解決方法を観念的に論議するときなどには有用な概念と考えられる．

　地球環境を好ましい状態に維持し，未来においても人類の営みを継続させるためには，環境負荷を現状より低減しなければならないという説が支配的になっている．地球温暖化防止条約における温暖化ガスの排出規制などはまさにこの説に立脚したものであり，京都議定書では先進諸国は温室効果ガスの排出量を1990年のレベルより削減することが求められている．だが，京都議定書

以降の削減目標については調整が難航している（2011年3月現在）．

　一般に，環境負荷は人間活動のあらゆる局面で発生していると考えてよい．極端なことを言えば，人間が呼吸し，食物を食べ排泄するだけでも，環境負荷の増大につながる．人間は存在しているだけで地球環境を脅かしているともいえよう．もちろん，先進国に住む人々は発展途上国の人々に比べれば，エネルギーや資源を潤沢に使用するので，1人につき発生する環境負荷は大きくなる．

　環境負荷の全体を数量として示すことはできないが，代表的な環境負荷の1つである二酸化炭素（CO_2）の排出であれば，その排出量は数量として把握されている．詳しくは次節で示すが，日本では建築に関係する活動等からの排出が全体の30％以上を占めている．また，近年のGDP（国内総生産）に対する建設投資の比率が15％以上であることを見ても，日本においては建築に関係した環境負荷が数十％に達することを想像できる．このような認識に立脚すれば，建築分野はもはや地球環境問題から逃れることはできず，環境負荷の低減ということを学問の上でも，産業の上でも重要課題として位置づけなければならない．

　本書は環境学や文明論をテーマとするものではない．それゆえ，環境負荷の増大の原因に関わる本質的な論議は省略せざるをえない．しかし，環境負荷の増大は明白な事実であり，環境負荷の低減が大きな課題であるという認識のもとに，議論を進めていく．

　「地球環境問題は20世紀に確立された工業社会にパラダイムシフト（基本的な認識方法や枠組みの変更）を突きつけている」などと，ややオーバーに喧伝され始めてから何十年経ったであろうか？　にもかかわらず，我々人間社会は地球環境問題の解決の方向に急激にシフトしていると判断することはできない．建築学の分野においても，こうした状況は同じであり，建築学科のカリキュラムや教育内容は，地球環境問題が重要視される以前のそれと比べて，大きくは変わっていない．それゆえ本書では，環境時代である21世紀においては建築学の教育も環境時代に即したものに変革されるべきであるという観点に立ち，「地球環境問題に対する取り組み」，すなわち，「環境負荷の低減」ということを，あえて前面に据えて議論を進めることにする．

　ところで，環境負荷の低減は"サステナブル（sustainable）"，つまり「持続可

図1-1 ◆ 建築関係の5団体が表明した地球環境・建築憲章の表紙

出典：日本建築学会ほか5団体

能な」と表現されることもある．また，「循環型」とか，「エコロジー」とか「環境に優しい」という言葉も，多少のニュアンスの違いはあるが，同様な意味や気分を持つものと考えてよいものと思われる．とにかく，建築も含めて社会全体をサステナブルにしなければ，人類の未来はおぼつかないという意見が圧倒的である．もちろん，ITやバイオに目を向け，人類の明るい未来を信じる人もいるが，彼らにしても地球環境問題の存在を否定しているわけではなく，視点をそらしているに過ぎない．地球環境問題などの環境問題は，要するに，環境の許容量を明らかにし，環境負荷をその範囲内に収まるようにできれば，解決される問題である．しかしながら，そうした前提条件と考えられる環

境の許容量からして十分にわからないために，大きな不安を人間に与えるのである．

わが国においては，日本建築学会をはじめとする建築関連の5団体がすでに2000年6月に「地球環境・建築憲章」[1]を制定し，持続可能な社会の実現に取り組むことを宣言している（図1-1参照）．そして，サステナブルな建築とは，以下の①〜⑤で表現できるような建築であるとしている．

①建築は世代を超えて使い続けられる価値ある社会資産となるように，企画・計画・設計・建設・運用・維持される．（長寿命）
②建築は自然環境と調和し，多様な生物との共存をはかりながら，良好な社会環境の構成要素として形成される．（自然との共生）
③建築の生涯のエネルギー消費は最小限に留められ，自然エネルギーや未利用エネルギーは最大限に活用される．（省エネルギー）
④建築は可能な限り環境負荷の小さい，また再利用が可能な資源・材料に基づいて構成され，建築の生涯の資源消費は最小限に留められる．（省資源と循環）
⑤建築は多様な地域の風土・歴史を尊重しつつ新しい文化として創造され，良好な成育環境として次世代に継承される．（継承）

この憲章に謳われている建築の在りようは，20世紀（特に太平洋戦争後）に造られた日本の都市・建築に対する反省を背景にしているといってよい．この憲章では地球環境問題に対する日本の建築界の反省と解決のための方向性が示されている．そこには21世紀における建築界の目標が掲げられている．この憲章によって，建築の勉学においても，実務においても，建築界の21世紀における方向が定まったといえる．日本の大学における建築学の一般的なカリキュラムは，構造・材料系科目，計画・意匠系科目，環境・設備系科目，設計製図科目などに分けられるが，これらのどの科目においても，憲章の精神は学習のための大きな動機づけになりうる．

建築環境工学とは，建築に関わる熱，空気，光，音，および，建築設備を扱う学問分野のことである．光や音まで含めて1つの分野としているのは，日本

独特の括り方である．アメリカなどでは通例，HVAC（heating, ventilation & air-conditioning）という括り方をするので，光と音は別分野になっている．本書はこうした内容を有する建築環境工学の中の熱の分野を中心にして作成したテキストであるが，賢明な諸君であれば，建築環境工学が上記の憲章の内容と直接関係する部分が多いことにすぐ気づくであろう．なかでも，②と③は建築熱環境の分野がその揺籃期から取り扱ってきた課題であり，本書の学習成果を直ちに活用できる項目である．もちろん，①においても，④，⑤においても，本書を応用することは可能と思われる．

サステナブル建築は上記憲章の①〜⑤を満たすものとして定義されるのであろうが，サステナブルであるかどうかの評価に関しては，各国でいくつかの評価システムが策定されている．日本でも，国土交通省などによって"CASBEE（キャスビー）[2]"という建築環境の総合性能評価システムが開発され実用化されている．また，サステナブルの一要素である地球温暖化防止に対する評価尺度としては，ライフサイクルCO_2（$LCCO_2$）という指標がすでに確立されている．この指標は，企画・設計から始まる建築物の一生において当該の建築物に関係して排出される温室効果ガス（CO_2に換算して表示）の総量を建築物が存在した年数で除した数値として定義される．

このように，建築のサステナビリティに関する評価はすでに多くのところで実施されており，その評価においては建築環境工学が大いに活用されている．こうした事実からも，環境工学，なかでもエネルギー消費という環境負荷の発生に最も影響を与えている「建築熱環境」を学ばねばならない理由は十分に理解できる．

1.2 地球温暖化問題と建築でのエネルギー消費

周知のように，地球環境問題はさまざまな形（たとえば，地球と大都市の温暖化，オゾン層の破壊，酸性雨，砂漠化の進行，森林減少，海洋汚染，生物多様性の低下など）で噴出している．幸いにして，これらの問題については多くの解説書等[3]が出版されており，問題の状況を示すデータや実例も多数紹介されている．本書で

は，これらの問題のなかで，地球温暖化問題について触れておく．なぜ地球温暖化問題に触れるかといえば，この問題は現代文明に伴う慢性疾患的な問題であり，その病根を根本から断つためには，現代人の活動を大幅に制限しなければならないからである．つまり，根本的な解決が最も難しい問題と考えられるからである．さらに加えて，この問題は地球温暖化防止条約（後述する）が制定されるなど，重要な国際問題になっており，日本は国際的地位を高めるためにもこの問題に取り組まねばならないといえるのである．もちろん温暖化問題がエネルギー消費を通して「建築熱環境」と非常に関係が深いということも理由に挙げられる．

地球温暖化の実態に関するデータ等については，先の解説書等にゆずるが，地球の地表近くの温度は，20世紀の中ごろから昇温が著しい．その原因として，IPCC（気候変動に関する政府間パネル）は，2007年の第4次評価報告書において「人間による化石燃料の使用がもたらす温室効果ガスの増大が地球温暖化の主因と考えられ，温暖化は自然要因だけでは説明がつかない」と断定している．温室効果ガスはCO_2の他にメタンガスやフロンガスなどがあるが，各ガスの排出量を勘案すると，日本の場合，その90％以上はCO_2であり，そのCO_2の大半はエネルギー消費に伴って排出されるCO_2である．したがって，原子力発電や水力発電，太陽光発電の効果を除けば，「温室効果ガスの削減＝省エネルギー」と捉えることはほぼ正しい．

1997年の12月に京都で開催された地球温暖化防止条約の締約国会議（"COP3"と略称されている）では，温室効果ガスの削減目標の数値が国別に取り決められ，「京都議定書」として世界に知られるようになった．京都議定書は，2005年に国際条約となり，条約加盟国に対して拘束力を有するに至った．この条約の中で，日本の削減目標は2008〜2012年の計量期間において温室効果ガスの排出量を1990年のレベルより6％削減する（すなわち，1990年の排出量の94％にする）となっている．この目標を達成すべく，日本は21世紀に入ってから，さまざまな省エネ施策を展開している．しかしながら，いわゆる「真水（国内で発生する温室効果ガスの排出量）」だけでは，この目標を達成することができそうもなく，海外から排出権の購入や森林の吸収効果などを使って目標を達成しようとしている．

図1-2 ◆ 日本のCO₂排出量の推移と部門別内訳

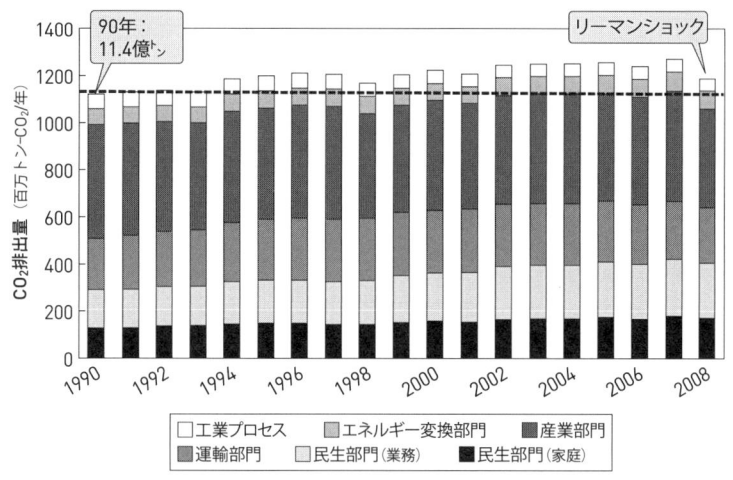

温室効果ガスインベントリオフィスのデータをもとに作成

　また，京都議定書の計量期間終了後のいわゆる「ポスト京都議定書」における目標として，日本は2020年までに1990年比25％削減（中期目標），2050年までに同80％削減（長期目標）というきわめて高い目標を設定しようと取り組んでいる．もし80％に近い削減が，生活の質や経済成長を損なわずに達成できれば，それはもう「低炭素社会」と呼ばれる社会なのかもしれない．そして，そのような社会を世界でいち早く実現できれば，世界から尊敬の念を集めるだろうし，新たな環境産業の創造も成し遂げられているものと思われる．日本の環境施策にはこうした「建設的な夢」もあることを理解してもらいたい．

　前述したように，温室効果ガスの大半を占めるCO_2は，ほとんどが化石燃料の消費に伴って排出されるので，温室効果ガスの排出量はエネルギー消費量にほぼ対応すると考えても差し支えない．エネルギー消費は大別すると，

　①工場などで製品の製造時に消費されるエネルギー（産業部門消費）
　②自動車などの交通機関が消費するエネルギー（運輸部門消費）
　③空調・照明などのように建物を運用するために消費されるエネルギー
　　（民生部門消費）

の3部門の消費に分かれる．図1-2は1990年以降の日本国内で排出される

図1-3 ◆ 日本のCO_2排出量の部門別増加率

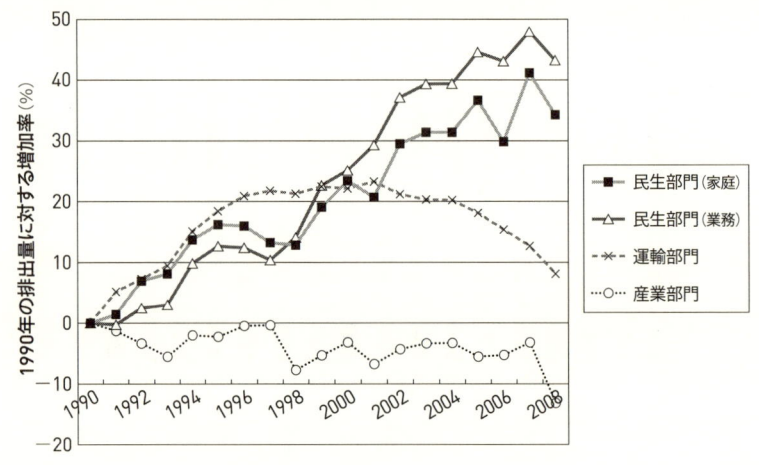

温室効果ガスインベントリオフィスのデータをもとに作成

CO_2の毎年の推移とその部門別内訳を示したものである．1994年以降，1990年の排出量より10％程度多い排出量が毎年続いていて，京都議定書を「真水」で達成できそうもない状況が示されている．図1-3は1990年の排出量を原点にして毎年の部門別CO_2排出量の増加率を示したものである．民生部門を構成する家庭用と業務用の増加率が高く，1990年以降の日本のCO_2排出量が減少しない要因がこれらの増加にあることを推察できる．さらに，家庭用と業務用においてなぜ増加率が高いかといえば，家庭用では世帯数の増大が，業務用では建築床面積の増大が主たる原因と推測されている．

さて，日本のCO_2排出量がなかなか減少しない原因を推察できたが，排出量を減じるための対策を講じるにはもう少し詳細なデータが必要である．そこで，全国平均的な大雑把なデータではあるが，図1-4〜1-6にエネルギー消費の内訳に関する統計データを示す．図1-4は家庭用エネルギー消費の用途別内訳，図1-5は業務用エネルギー消費の業種別の内訳，図1-6は事務所ビルのエネルギー消費量に関わる用途別内訳である．ここでエネルギー消費の量として使われている「2次エネルギー」という量について以下に説明しておく．

「2次エネルギー」とは消費の末端で消費されるエネルギーのことであり，

図1-4 ◆ 家庭用の2次エネルギー消費量(全国平均, 2008年度)

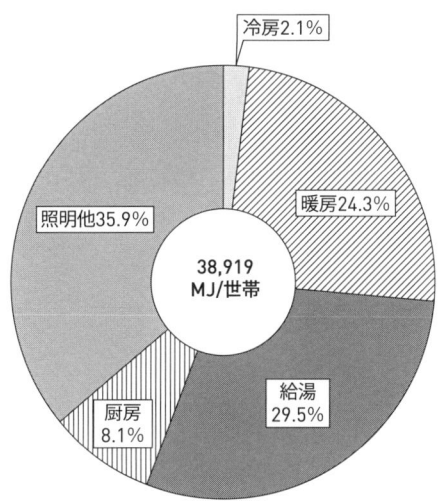

データ:『エネルギー白書2010』(経済産業省)

図1-5 ◆ 業務用建築の2次エネルギー消費量における業種別内訳

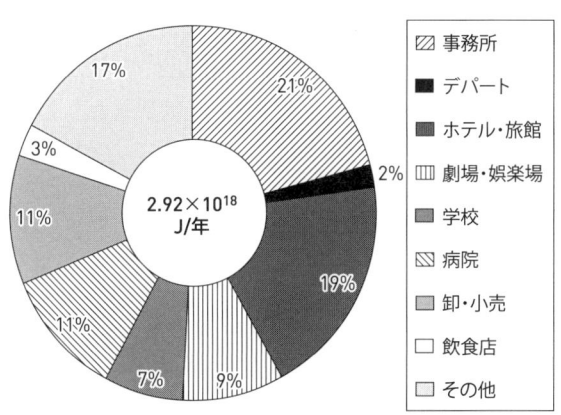

データ:『エネルギー白書2010』(経済産業省)

図1-6 ◆ 事務所ビルの2次エネルギー消費量における用途別内訳

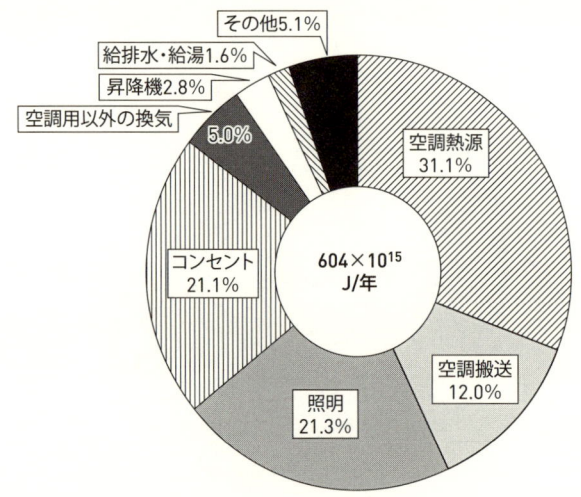

データ：『エネルギー白書2010』（経済産業省）

電力の場合には建物で消費される電力をそのままJ（ジュール）などのエネルギーに換算して表す．これに対して「1次エネルギー」という量があるが，こちらは電力に対しては，すべて火力発電を想定して（日本の省エネ法に基づくルールではたとえ水力や原子力であっても火力を想定する），消費電力を全国の火力発電の平均的エネルギー効率（36.8％）で割り戻し，化石燃料が元々保有していた熱量（Jなど）でもって表す．また，建物内で化石燃料を燃焼などによって消費する場合には，1次エネルギーも2次エネルギーも同じ数値になる．

ここで，「建築熱環境」を論じる立場から注目して欲しいことは，図1-4と図1-6に示すように，住宅においては暖房が，事務所ビル（図1-5に示すように業務用建築の代表と考えてもよい）においては，空調（空調は暖冷房の熱源，換気，熱搬送から構成される）がかなりの重みを有していることである．つまり，住宅や建築のエネルギーを論じる場合，暖房や冷房，つまり，「建築熱環境」が守備範囲とする領域を避けて通ることはできない．

なお，温暖化ということについていえば，地球温暖化とはメカニズムは異なるが，大都市の温暖化も建築・都市学においては大きな問題である．とくに，

熱帯夜の増加などは，実害が伴うものであり，解決すべき環境問題の1つであるといえる．本書では，紙面の制約からこれについては取り扱わないが，建築学が取り組まねばならない問題であることには変わりない．

1.3 建築と熱環境

1.3.1 熱環境を学ぶ目的

　人間社会における建築の役割・目的は実に多様であり，古今東西，多くの人々が語っている．しかし，住宅やオフィス，店舗など，実用性が重んじられる建築と，寺院や議事堂，博物館などのように実用性を超越した形而上の目的・価値までも求められる建築とでは，期待される役割や目的が異なると考えるのが自然である．とくに現代においては，前者の建築は善し悪しは別にして，完全に資本主義経済の一構成要素になっており，一般の工業製品と同じように商品の一種と見なすべきであろう．

　こうした実用性が重んじられる建築においては，機能性，利便性，物理的性能の高さ，経済性などがその建築の価値を決める大きな要素であり，熱環境（「温熱環境」ともいうが，本書では原則として「熱環境」を使用する）もこの種の要素の1つとして捉えられる．この種の建築においては，建物の構造体や外皮は古来より人間が雨露や寒さ暑さをしのぐための「箱」や「シェルター」としての役割・機能を有している．そして，「箱」の内部が暑いか寒いかということ（すなわち熱環境）は，その「箱」の特徴や性能を表す要素として重要と考えられている．

　現代では公共事業を批判するために「ハコモノ」という言葉が使われることがあるが，建築関係者の間では，建築をこのように単なる物理的な存在と見なすことを嫌う傾向が強い．もちろん建築は人間が使用すれば，社会的な存在になり，単なる物理的存在以上の大きくて価値ある存在になる．歴史・文化的な価値を持つものであれば，世界遺産などとしてもてはやされる場合もある．そのような大きな存在になると，建築が建築として本来有すべき「箱」や「シェ

ルター」としての機能・性能は，相対的に重要性が低下し，ほとんど問題にされなくなる．たとえば，法隆寺五重塔の内部が冬に非常に寒くても，それを問題視する人はいない．しかし我々は，そのような建築は実在する建築の中では数少ないものであり，稀であることを絶対に忘れてはいけない．建築物のほとんどはごく「普通の建築」であり，そこでは建築の「箱」や「シェルター」としての性能が大きなテーマになるのである．

　建築熱環境において重要なテーマは，建築の温度と湿度である．このことは人間が居住する建築の場合であれば，「室内の暑さ／寒さ」ということになる．また，「室内の暑さ／寒さ」よりは広い意味を有するが，「室内気候」という用語もある．さらに，最近では研究対象が建築内部から建築周辺の外界気候にも及んでいる．

　建築の温度や湿度がなぜ重要になるかといえば，それは人間が約36.5℃の体温を持つ恒温動物であるからに他ならない．人間は恒温動物であるがゆえに，人体周囲の熱環境に対しては生理的および心理的にさまざまな反応を示す．すなわち，暑さ寒さが生理的・心理的なストレスになり，健康を害することさえありうるのである．そのために，人間は暖冷房というものを考え出し，実際に使っているが，1.2節で述べたように，この暖冷房によるエネルギー消費が全体のエネルギー消費量において大きな割合を占めるようになり，環境負荷増大の大きな要因になっているのである．それゆえ，少ないエネルギー消費でも熱ストレスの少ない，良質な熱環境を形成する建築が望まれている．それでは，良質な熱環境とはどのような環境であるのか，さらには，そのような環境を実際の建築においてどのように実現するのか，我々はさらに深く考えてゆかねばならない．

　以上のように，熱環境は建築においては基本性能要素の1つとして考えてよい重要な要素であり，熱環境について学ぶ目的もそのことにあるといってよい．本書では，主に人体の温冷感覚と建築空間における熱環境形成の物理的メカニズムについて示す．

1.3.2　伝統的民家と熱環境

　建築の熱環境について現代科学に従って記述する前に，伝統的な構法・材料などで造られている民家などの土着建築と気候との関係について目を通しておくことは有益かもしれない．なぜならば，再三述べてきた建築のシェルター機能が古来の建築においても意識されているからである．吉田兼好や和辻哲郎を持ち出すまでもなく，世界の民家はその土地の気候と大変深い関係があるが，両者の関係についてはおおよそ以下の3タイプに分類できるであろう．

①寒冷な気候においては，暖房等の熱が散逸するのを防止するため，一般に壁は隙間がなく，窓などの開口は小さい（図1-7参照）．

②中近東などの高温・乾燥地帯においても，開口は小さく，壁は日干しレンガなどで厚く造られている．しかし，これらは外部から日射熱が室内に侵入することを防いでいるのであるから，寒冷地の場合の目的・機能とは少々異なっている．さらに，この地域の民家において特徴的なことは，通風のための風塔と，中庭などにある池である（図1-8参照）．このような仕掛けは，これらの地域においても裕福な階層の住居においてだけ見られるのであるが，風通しをよくして池からの蒸発を促進し，蒸発

図1-7 ◆ 寒冷地域における民家の例

小さな窓と厚い壁のドイツ，ミュンヘンの集合住宅　　スカンジナビアの丸太組民家（丸太と丸太の隙間は動物の皮などで気密化）

出典：『地球環境建築のすすめ』（彰国社，2002）

図1-8 ◆ 高温乾燥地域における民家の例

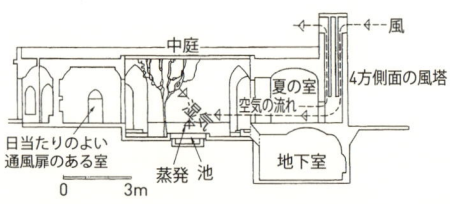

風塔のあるドバイ(アラブ首長国連邦)の家並み　　風塔と池を用いた蒸発冷却のしくみ(イラン)

出典:『地球環境建築のすすめ』(彰国社, 2002)(左)

図1-9 ◆ 高温多湿地域における民家の例

大きな開口部と深い軒の日本の民家　　風通しのよいバンコクの水上住宅

出典:『地球環境建築のすすめ』(彰国社, 2002)

　　冷却による気温降下をねらっているのである.
　③東南アジアや日本などの高温多湿地帯では,通風のために大きな開口を持つ民家がよく見られる(図1-9参照).また,軒や庇が大きく張り出しているので,夏季には開口周辺も日陰になり,暑さを防ぐ.

　民家などの土着建築はもちろん近代科学が成立する以前のはるか昔から建て

られてきたものであるが，そこには人間の工夫や知恵が随所に見られる．科学を正確に知らない時代にあって，蒸発冷却や通風などに見られる理にかなった工夫がされていることは賞賛に値する．しかし，だからといって，これらの民家に百点満点を与えるようなことは過大評価である．こうした工夫や知恵は，確かに効果を認めることができるが，全般にパワーが欠けており，それだけでは現代人が満足できる快適環境を形成することができない．現代人の要求が過大であるといってしまえばそれまでであるが，現代人が要求する快適環境にもプラスの面（作業能率の向上，心理・生理ストレスの減少，健康の増進など）が確実にあるので，現代人が要求する快適環境を一概に否定することはできない．

　では，現代の我々はいったいどうすればよいのであろうか？　1つ言えることは，エネルギーの明らかな無駄使いをやめることである．使用していない機器のスイッチを切ったり，冷房の冷やしすぎを止めたりすることである．それと，もう1つ重要なことは，パワーが小さくても古来の工夫や技術を採用し，状況に応じて現代のパワフルな暖冷房と併用していくことである．前者を「パッシブ技術」，後者を「アクティブ技術」と呼ぶとすれば，これらの技術の使い分けやハイブリッド（混成）化が，現代の我々が当面の間，実行すべきことであると言ってよい．

　図1-10は，日本の住宅の省エネルギー基準（4.5節参照）において採用されているコンセプトを示したものである．すなわち，冬の寒波と夏の猛暑に対しては暖冷房で対処する以外に方法がないので，断熱・気密や日射遮蔽などの「閉

図1-10 ◆ 日本の省エネルギー基準における「閉じる・開ける」のコンセプト

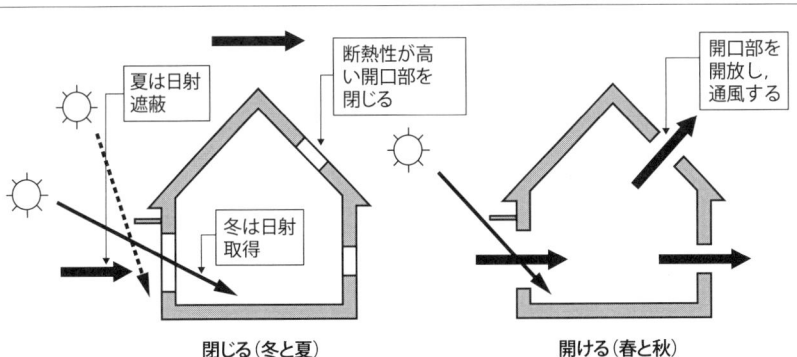

じる技術」を採用するが，春秋の快適シーズンに通風することや自然採光のこ とも勘案して，十分に大きな開口部（窓）も取り付ける（「開く技術」の採用）とい うコンセプトである．これは一見簡単なように見えるが，断熱・気密性に優れ た開口部を大量生産できる現代のハイテク技術が存在しなければ，実現不可能 なコンセプトである．民家などで採用されてきた古来の技術だけでは，光を取 り入れつつ熱を逃がさないなどという芸当（現代の窓はここまで優れものである）は 到底できるものではない．

1.3.3　本書で使用する温度と熱の単位

　本書では，温度や熱，エネルギーをできるだけ定量的に扱うという観点か ら，数式を多々用いている．しかし，これらの数式は四則演算がほとんどであ り，中学生レベルの数学能力があれば，容易に理解できるものと考えられる． ただし，いわゆる文系の人々にとっては，熱やエネルギーの物理単位が馴染み にくい（特に，ジュールなどの，最近，理系で使うように取り決められている国際単位（SI） 系の単位は，昔に文系を卒業された人たちにとっては馴染みにくい）と思われるので，以 下に，本書で多用される単位について簡単に説明しておく．

　℃「度シー」：温度の単位（Cはセルシウスの略）

　K「ケルビン」：温度（絶対温度）の単位．℃で表した温度に273.15を加えた数 値で表す．また，温度差を表すときは「℃」を使わず，「K」 を使う．

　J「ジュール」：熱量もしくはエネルギーの単位（1 J＝0.2389カロリー）

　W「ワット」：仕事率もしくは電力の単位．1 W＝1 J/sで定義されるので， 熱やエネルギーの流れ（熱流）にも使用される．ここで，sは 「秒」．したがって，1 J＝1 W・s，3600 J＝1 W・h．「W・h」 は「ワットアワー」と読む．

　なお，熱量やエネルギーが大きな数字になるときには，10^3を表すk（キロ）， 10^6を表すM（メガ），10^9を表すG（ギガ）が，JやWなどの前に付加されて使用 される．たとえば，MJはメガジュールと発音し，1 MJ＝10^6ジュールである． また，基本単位を乗除して作る単位を表示するときも，ルールに忠実に，乗

ずる場合には"・"を，除する場合には"/"を必ず付けることにした．こうした表記に違和感を持たれる方がいるかもしれないが，慣れていただきたい．

参考文献

1) 地球環境・建築憲章，（社）日本建築学会・（社）日本建築士会連合会・（社）日本建築士事務所協会連合会・（社）日本建築家協会・（社）建築業協会，2000年6月1日．
2) 実例に学ぶCASBEE，村上周三ほか著，JSBC編，日経BP社，2005．
3) 環境白書（平成9年版〜平成21年版），環境省編．

第2章 人体と熱環境

2.1 目的と意義

　建築熱環境の各論として，最初に取り上げるテーマは「人間が感じる暑さ寒さについて」である．人間は暑さ寒さに対しては，大変敏感な動物である．我々は，通常，外気温が概ね10℃より下がれば，コートが必要になるであろうし，反対に25℃より高くなれば薄着になる．熱環境を学ぶ理由も，人間がこのように温度に対して敏感であるからに他ならない（本書では原則として「熱環境」という用語を使用するが，温冷感関係の分野では「温熱環境」の方が多用されている）．人間には適した温度範囲があるので，建築が形成する環境もその温度範囲を意識しなければならないし，それに関連する知識が必要になる．もし人間が温度に対して鈍感な動物であり，気温が40℃でも，マイナス20℃でも平気であれば，そもそも建築熱環境などという学問分野は成立しえない．

　ところで，一口に「暑い，寒い」といっても，実はさまざまな感覚が総合されたものである．熱に影響される人間の感覚を「温熱感覚」と称するが，これには「温冷感」や「快適感」など，さまざまな感覚が含まれている．このなかで，「温冷感」は単純に「暑い」「寒い」に関する感覚を表したものであり，最もよく使われている．ここでは，まず人体とその周囲における熱の様相について解説し，そのあとで温冷感に基づく熱環境の評価指標について示す．

2.2 人体の熱収支

　動物は生命の維持やさまざまな活動のために，体内でエネルギーを消費する．このようなエネルギー消費は，産熱あるいは代謝と呼ばれるが，消費されたエネルギーは，力学的なエネルギーになるものを除けば，大半が体内に熱エネルギーの形で放出される．一方，恒温動物では，正常な活動をするために体温を一定に維持してゆかねばならない．それゆえ，体温を一定に保つには，代謝によって発生した熱（代謝量）を体表面から適度に放散させねばならない．もしこの放熱が少なすぎれば，体温は上昇し，多すぎると低下することになる．

　この様相をもう少し考察するために，人体に対する熱の収支について考えて

図2-1 ◆ 人体周囲における熱環境の様相

　　R：放射熱は角関係，温度と放射率の大小で変化する．
　　C：対流熱は風速・温度の大小で変化する．
　　E：水分蒸発量は温度・風速の大小で変化する．
　　K：伝導熱は接している材料の熱伝導率と温度の大小で変化する（通常は微量なのでCに含められる）．

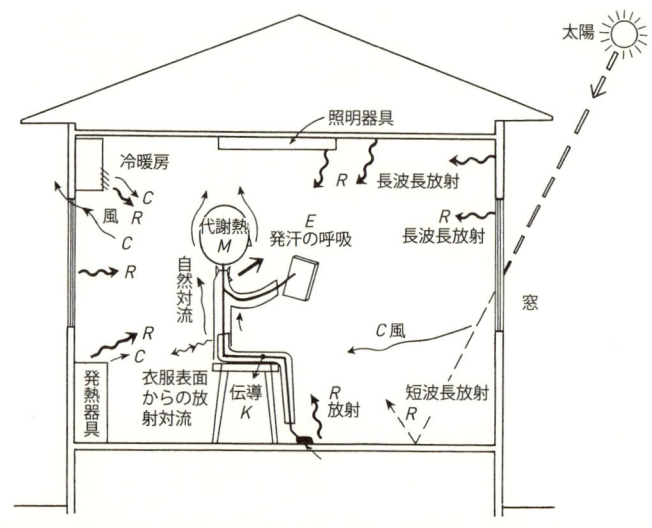

出典：『建築環境工学用教材・環境編』（日本建築学会，1995）

みる．図2-1を参考にすれば，人体では式 (2.1) のような熱収支が成立する．

$$M-(C+R+E)=S \qquad (2.1)$$

ここで，
　$M=$人体の代謝量（産熱量）[W]
　$C=$対流によって体表面や呼気から放熱される顕熱 [W]
　$R=$体表面から放射によって放熱される顕熱 [W]
　$E=$汗など蒸発によって体表面や呼気から放熱される潜熱 [W]
　$S=$人体における熱的な負荷 [W]

である．Sは，産熱量Mと放熱量$(C+R+E)$の差であり，熱的なストレスに対応すると考えられている．また，体温の変化を許せば，人体に蓄えられる熱量とも解釈できる．さて，Sの値と人間の温熱感覚との対応関係について考察してみよう．

　まず，$S=0$の場合について考えてみる．この場合は，産熱と放熱のバランスが保たれているということであるから，温冷感としては寒くも暑くもない中立状態である．このような中立状態を不快ではないという意味で「快適」と称する場合もあるが，真の「快適感」や「快感」とは意味が異なるとされている．

　つぎに，$S\neq 0$の場合には，放っておくと体温が変化し，体調に異変をきたすので，我々の体はさまざまな「反応」をして，$S=0$にしようとする．たとえば，$S>0$になれば，暑さを感じて抹消血管が拡大する（血流量が増えるので，皮膚温が上がり，CとRが大きくなる）．それでも$S=0$にならなければ，発汗量が増えるが，これはEを大きくして，Sを0に近づける作用に他ならない．反対に，$S<0$になれば，寒さを感じて抹消血管が収縮する（血流量が減るので，皮膚温が下がり，CとRが減じられる）．にもかかわらず，$S=0$にならなければ，震えが発生して産熱が増大する．式 (2.1) の各項が周囲温度に対応してどのように変化し，$S=0$を保つのか，概念的に表したものを図2-2に示す．これは，人体の熱収支を概念的に理解するうえで役に立つであろう．

図2-2 ◆ 人体熱収支と室温との関係の大略(軽作業の場合)

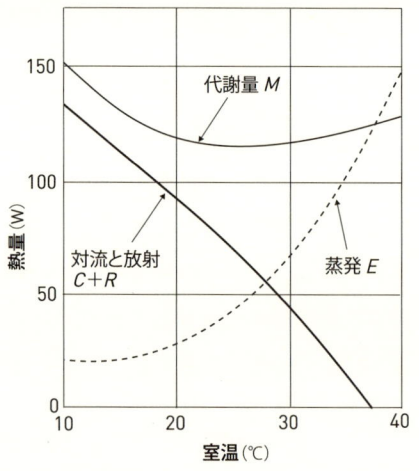

2.3 温熱感覚要素

　式 (2.1) の各項を考察すれば，人間の温熱感覚 (主として温冷感と快適感) に関係する要素を分類することができる．このような要素は温熱感覚要素と称されるが，結局，以下の①〜⑥に示す要素であると考えられている．①と②は人体側の状況で決定される要素，③〜⑥は環境側の状況で定められる要素である．

①活動状態：代謝量 [met] で表す．
②着衣状態：着衣量 [clo] で表す．
③気温：空気温度 [℃] で表す．
④放射：平均放射温度 [℃] で表す．
⑤湿度：相対湿度 [%] で表す．
⑥気流：風速 [m/s] で表す．

これらのなかで③，⑤，⑥は馴染みがあるものなので，特に説明を加えない

が，①，②，④については専門的であるので，以下に説明を付け加える．

2.3.1　活動状態

人間の活動状態は，代謝量で表す．代謝量の単位は"met（メット）"であり，1 metの代謝量は，体表面積1 m²当たり58 W/m²の放熱量が生じる場合に等しい．人体の表面積は1.3〜1.9 m²程度であるから，代謝量が1 metの人間からは75〜110 Wの発熱があることになる．代謝量は，人間の作業や活動が激しければ激しくなるほど増大する．人間の作業や活動の内容と代謝量とは，図2-3に示すように対応づけられているので，作業や活動の内容がわかれば代謝量を推定し，人数を掛けあわせて，人体からの発熱量を算定することができる．

図2-3 ◆ 人体の活動程度と代謝量との関係

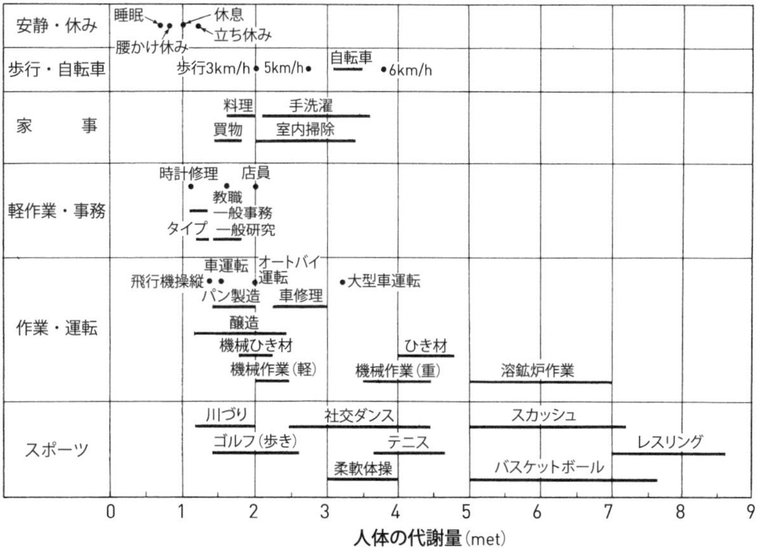

出典：『建築環境工学用教材・環境編』（日本建築学会，1995）

2.3.2 着衣状態

人間の着衣は皮膚から周囲環境への放熱に対して熱抵抗（第3章を参照）となる．この熱抵抗の大きさを表す単位が"clo（クロ）"であり，1 cloは気温21℃,相対湿度50％，風速5 cm/sの条件で，1 metと平衡する熱抵抗と定義されている．すなわち，1 clo ＝ 0.155 m^2·K/Wである．単独の各衣服のclo値を表2-

表2-1 ◆ 各種衣服の単独着衣量(clo値)

衣服名(男子用)	布地構成	重量(kg)	着衣量(clo)	衣服名(女子用)	布地構成	重量(kg)	着衣量(clo)
背広上下(薄手)	あや織り	0.567	0.35	ドレス(薄手，裏地付)	編み	0.150	0.17
〃　(厚手)	〃	0.848	0.49	〃　(厚手)	平織り	1.180	0.63
スポーツジャケット(薄手)	〃	0.848	0.49	長袖ブラウス(薄手)	〃	0.085	0.20
〃　(厚手)	〃	0.848	0.49	〃　(厚手)	〃	0.167	0.29
長袖シャツ	平織り	0.201	0.29	半袖ブラウス(薄手)	〃	0.088	0.17
半袖シャツ	〃	0.167	0.19	ジャケットブレザー(薄)	織り	0.510	0.31
長袖ニットシャツ(薄)	編み	0.196	0.24	〃　(厚)	〃	0.709	0.43
〃　(厚)	〃	0.301	0.37	袖なしセーター(薄手)	編み	0.173	0.17
半袖ニットシャツ(薄)	〃	0.201	0.22	長袖セーター(厚手)	〃	0.301	0.37
〃　(厚)	〃	0.193	0.25	ベスト(薄手)	織り	0.193	0.20
チョッキ(薄手)	織り	0.202	0.20	オーバー(ナイロン・綿)	50/50	0.454〜0.510	0.55
〃　(厚手)	〃	0.232	0.30	ショール(薄手)	編み	0.227	0.30
オーバー(ナイロン・綿)	50/50	0.454〜0.510	0.55	スラックス(薄手)	〃	0.162	0.26
ズボン(薄手)	平織り	0.332	0.26	〃　(厚手)	あや織り	0.621	0.44
〃　(厚手)	あや織り	0.513	0.32	スカート(厚手，裏地付)	〃	0.422	0.22
袖なしアンダーシャツ	編み	0.085	0.08	ブラジャーとパンティー	—	—	0.04
半袖アンダーシャツ	〃	0.099	0.09	ガードル	—	—	0.04
ブリーフ	〃	0.057	0.05	半スリップ	—	—	0.13
長下着(薄手)(上)	〃	0.142	0.25	長スリップ	—	—	0.19
〃　(〃)(下)	〃	0.198	0.25	長下着(上)	編み	0.142	0.25
〃　(厚手)(上)	ワッフル	0.170	0.35	〃　(下)	〃	0.198	0.25
〃　(〃)(下)	〃	0.227	0.35	〃　(厚手)(上)	ワッフル	0.170	0.35
ソックス(薄手)	—	0.057	0.03	〃　(〃)(下)	〃	0.227	0.35
〃　(厚手)	—	0.113	0.04	パンティーストッキング	—	—	0.01
ハイソックス(薄手)	—	0.113	0.06	タイツ(厚手)	編み	0.113	0.06
〃　(厚手)	—	0.170	0.08	ハイソックス(薄手)	〃	0.113	0.06
短ぐつ	—	0.459	0.04	〃　(厚手)	〃	0.170	0.08
長ぐつ(横チャック)	—	0.567	0.15	くつ	—	0.284	0.03
ひざたけブーツ(革)	—	0.907	0.30	ひざたけブーツ(革)	—	0.907	0.30

出典：『建築設計資料集成・環境』（丸善，1978）

図2-4 ◆ 典型的な服装とその着衣量(clo値)

① 1.14clo

② 0.78clo

③ 0.60clo

1に示す．衣服を複数点，身につけた場合の総合着衣量I_T[clo]は，I_iを各衣服単独のclo値とすると，次式で与えられる．

$$I_T = a\sum_i I_i + b \tag{2.2}$$

ここで，aとbは経験的な係数であり，aは約0.8程度，bは約0.1程度とされている．代表的な服装に対する着衣量を図2-4に示す．

2.3.3　平均放射温度

人体と周壁（人体を取り囲む室内の壁や床・天井のこと）の間では放射によって熱が伝達される．周壁温度が高くなれば人体に熱が伝えられ，反対に低くなれば人体から周壁へ熱が伝えられる．したがって，周壁の温度について以下のような平均放射温度(mean radiant temperature)を定義すれば，このような放射熱を表現するのに便利である．

$$T_r = \left(\sum_i F_i T_i^4\right)^{1/4} - 273.15 \tag{2.3}$$

ここで，

T_r ＝平均放射温度［℃］
T_i ＝周壁（床，天井を含む）表面 i の絶対温度［K］
F_i ＝周壁 i と人体との形態係数

である．なお，形態係数の意味と計算方法については他の教科書（第3章の参考文献2）など）を参照されたい．

また，平均放射温度と室の空気温度を熱伝達率（第3章を参照）で加重平均した温度を作用温度（operative temperature）T_o という．

$$T_o = \frac{h_c T_a + h_r T_r}{h_c + h_r} \tag{2.4}$$

ここで，
T_a ＝室の空気温度（室内の空気温度を代表すると考えられる温度）［℃］
h_c ＝人体と室の空気を想定した場合に与えられる両者間の対流熱伝達率
　　　［W/(m²·K)］
h_r ＝人体と周壁を想定した場合に与えられる両者間の放射熱伝達率
　　　［W/(m²·K)］

図2-5 ◆ 黒球（グローブ）温度計の断面図

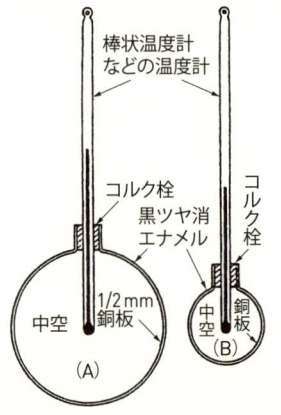

球の直径6インチ　球の直径3インチ
大球温度計　　　小球温度計

出典：『建築計画原論Ⅲ』（丸善，1965）

である．図2-5に示す黒球温度計（あるいはグローブ温度計）と称される温度計で測定した温度は作用温度に近いとされている．黒球温度計は，中が空洞の金属の黒球に温度計を挿入したものであり，室内で人間が位置する場所に設置して計測する．黒球温度計の周囲では$h_c ≒ h_r$であるので，結局，式(2.4)は，

$$T_o ≒ \frac{T_a + T_r}{2} \tag{2.5}$$

となる．つまり，作用温度は室内の空気温度と平均放射温度の単純平均にほぼ等しい温度であり，湿度などの温度以外の要素の影響がなければ，人間が感じる温度であると言える．

2.4 温熱環境指標

　前節で示したように，人間の温熱感覚には6種類の要素が関係している．しかし，人間が感じる温熱感覚はこれらの要素が総合化されたものである．そこで，これらの要素を数学的に組み合わせて，温熱感覚（主に温冷感）に対応する1つの客観的指標をつくる試みがなされてきた．そうすれば，その指標でもって人間の温熱感覚に即した室内環境などの評価を客観的に行うことが可能になるのである．このような指標は温熱環境指標と呼ばれている．

　温熱環境指標は既にいくつか提案されており，古いものではヤグローの有効温度が有名である．気象情報などで使われている不快指数などもこのような指標の一種である．精度が高く信頼できる温熱環境指標としては，SET*（standard effective temperatureの略で，「エス・イー・ティー・スター」と読み，標準有効温度と訳す）とPMV（predicted mean voteの略で，予測平均申告と訳す）の2つが代表的である．ここでは，この両指標についてごく簡単に紹介する．より詳しい説明は専門書[1]に譲る．また，両者を実際に計算するツールがwebサイト[2]から無料でダウンロードできるようになっている．なお，これらの指標は，定常かつ均一な環境において妥当性が確かめられているものであって，非定常な環境や不均一な環境における適用については妥当性が確かめられてはいないことを付け加えておく．

2.4.1　SET*

今，Aという環境に関する任意の状態があり，前節で述べた6種類の温熱感覚要素が自由に与えられているものとする．一方，Bという人工的に創った環境状態もあり，そこでは，温度以外の温熱感覚要素が，代謝量＝椅座位のときの代謝量≒1 met，着衣量＝0.6 clo，相対湿度＝50%，風速＝静穏時の人体周囲風速＝0.1〜0.15 m/s，のように固定されている．これらの固定された条件のことをASHRAE（米国冷凍空調工業会，「アシュレイ」と読む）の標準条件と称する．また，Bでは，気温と平均放射温度は等しくなるように制御されているものとする．SET*における考え方とは，人体の温熱感覚を変化させずに，Aの状態をBの状態に置き換えて表現しようというものである（図2-6を参照）．人体の温熱感覚が変化しないということを別の言葉でいえば，人体の放熱量（式(2.1)

図2-6 ◆ SET*の定義とASHRAEの標準条件

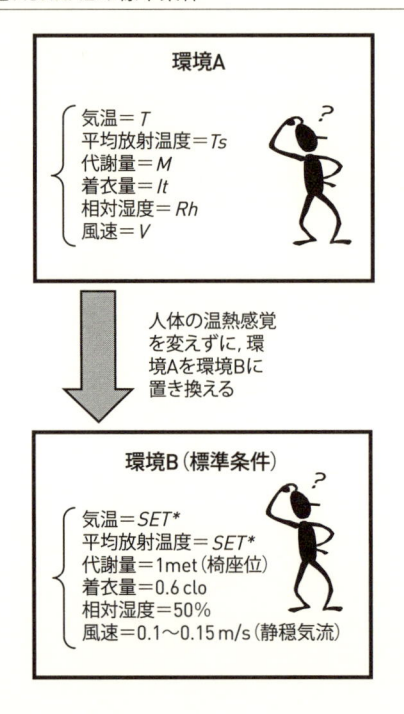

環境A
気温＝T
平均放射温度＝T_s
代謝量＝M
着衣量＝I_t
相対湿度＝Rh
風速＝V

人体の温熱感覚を変えずに，環境Aを環境Bに置き換える

環境B（標準条件）
気温＝SET^*
平均放射温度＝SET^*
代謝量＝1met（椅座位）
着衣量＝0.6 clo
相対湿度＝50%
風速＝0.1〜0.15 m/s（静穏気流）

図2-7 ◆ 等SET*線(破線)とASHRAEの快適域(ハッチ域)

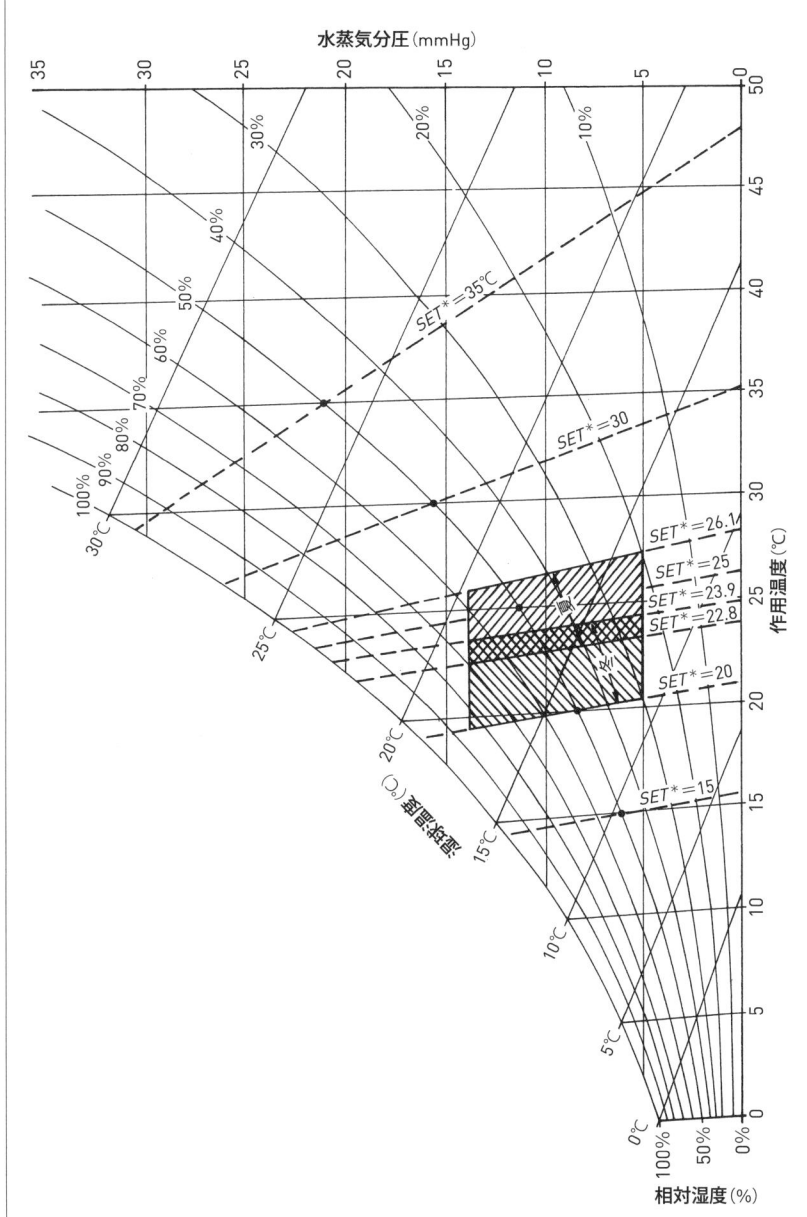

第2章 人体と熱環境

の $C+R+E$ に等しい），皮膚の平均温度，濡れ面積（発汗で濡れた皮膚の面積）の3つが変化しないということである．Bでは，温度以外の温熱感覚要素がAの状態から変化するので，人体の温熱感覚を変化させないためには，温度（気温と平均放射温度があるが，Bでは両者は等しい）を調節しなければならない．SET*とは，そのような調節がなされて，最終的に定まる温度のことであり，A. P. Gaggeらによって定義された．SET*は式 (2.1) のような人体熱収支に基づいて算出されるが，その計算方法は非常に複雑であるので，ここでは省略する．

横軸に作用温度を，縦軸に水蒸気圧を取り，その座標上（このような図を一般に「湿り空気線図」という）に等SET*線を示したのが，図2-7である．1つの等SET*に対する温度の表示は，相対湿度＝50％（ASHRAEの標準条件の1つである）と当該の等SET*線が交差する点の横軸座標（作用温度）でもって示す．図2-7からわかるように，SET*には，温度が高くなるほど湿度の影響が強く現れる．SET*を用いて人間の温熱感覚を表すためには，SET*の数値と温熱感覚の関

表2-2 ◆ 各温熱感覚要素の変化量とそれに等価なSET*の変化量

A. 夏季を想定した場合

変化させる 温熱感覚要素	代謝量	着衣量	気温	平均放射温度	相対湿度	気流
要素の変化範囲	0.8～ 1.4 met	0.4～ 1.1 clo	24～ 28℃	24～ 28℃	30～ 70%	0.01～ 0.5 m/s
上記の変化範囲に 対応するSET*の 範囲	25.4～ 26.7℃	24.6～ 29.2℃	25.1～ 27.0℃	24.9～27.2℃	25.5～ 26.8℃	26.1～ 23.9℃

注：変化させない要素については，夏季の条件（代謝量＝1.0 met，着衣量＝0.6 clo，気温＝26℃，平均放射温度＝26℃，相対湿度＝50%，気流＝0.14 m/s，この条件でのSET*＝26.0℃）を与えた．

B. 冬季を想定した場合

変化させる 温熱感覚要素	代謝量	着衣量	気温	平均放射温度	相対湿度	気流
要素の変化範囲	0.8～ 1.4 met	0.6～ 1.4 clo	20～ 24℃	20～ 24℃	20～ 60%	0.01～ 0.5 m/s
上記の変化範囲に 対応するSET*の 範囲	24.2～ 26.8℃	21.8～ 27.0℃	24.4～ 26.0℃	24.1～26.2℃	24.9～ 25.6℃	25.2～ 23.4℃

注：変化させない要素については，冬季の条件（代謝量＝1.0 met，着衣量＝1.1 clo，気温＝22℃，平均放射温度＝22℃，相対湿度＝50%，気流＝0.14 m/s，この条件でのSET*＝25.2℃）を与えた．

係が別途，示されねばならない．図2-7にハッチで示す領域は，ASHRAEが定めた温熱感覚の快適域であり，SET*と温熱感覚の関係を示す一例である．

SET*は温熱感覚要素の効果を温度に換算して表示したものとも解釈できる．それゆえ，SET*を使えば，すべての温熱感覚要素の変化範囲を温度（つまりSET*）の変化範囲として表すことが可能になる．各温熱感覚要素が単独で変化したとき，SET*が変動する範囲を計算して表2-2に示した．SET*を使えば，温度でない温熱感覚要素でも，温度の単位でもって，それが温熱感覚に及ぼす影響の程度を示すことができる．

2.4.2　PMV

PMVは，P. O. Fangerによって考案された温熱環境指標であり，0（ゼロ）を基準とした正負の数値でもって表示される．図2-8の横軸に示すように，PMVの数値は温熱感覚と対応している．PMV＝0が，暑くも寒くもない中立の感覚を，PMV＞0が暑い不快感を，PMV＜0が寒い不快感をそれぞれ表している．PMVが優れている点は，図2-8に示すように，PMVの数値がその環境にさらされている在室者の予測不満足率（PPD）と対応づけられていることである．すなわちPMVは，人間の温熱感覚には個人差があるという認識に立脚

図2-8 ◆ PMV（予測平均申告）とPPD（予測不満足率）との関係

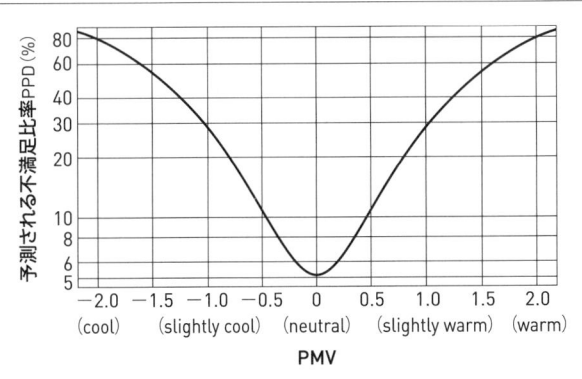

出典：『空気調和・衛生工学便覧・1・基礎編』（空気調和衛生工学会，2010）

してつくられている．たとえば，図2-8を見れば，PMV＝0でも5％の人は不満足であり，逆に，PMV＝±2でも20％の人は不満を示さないということがわかる．個人差に関してこのような知見を持つことは，室内温熱環境を創造したり，評価したりするうえで，非常に示唆に富んでいる．

こうしたPMVは，1000人以上の被験者実験の結果から導かれており，次式のように定義されている．

$$PMV = fS \tag{2.6}$$

ここで，S は式 (2.1) で与えられる人体熱負荷であり，f は実験から定められる係数である．f に対しては，Fangerは代謝量 M の関数と考え，以下のように定めた．

$$f(M) = 0.303 \exp(-0.036\,M) + 0.028 \tag{2.7}$$

式 (2.7) を式 (2.6) に代入し，式 (2.1) の C, R, E の各項を6つの温熱感覚要素（すなわち，代謝量，着衣量，気温，平均放射温度，相対湿度，風速）の関数で表示すれば，PMVはこれらの温熱感覚要素によって完全に表現できたことになる．PMVはヨーロッパで開発され，それなりに信頼できるものといえるが，人種や地域，生活習慣などがヨーロッパ人と異なっても問題のない結果を与えるか否かは，十分確かめられてはいない．

2.5　温熱環境指標と室内環境条件

温熱環境指標が最も活躍する場面は，暖冷房の設定温湿度を決定するときである．特に，暖冷房システムの設計においては，設定温湿度が熱負荷を左右し，設備容量に大きな影響を与える．省エネルギーの観点からは，熱負荷も設備容量も小さい方がよい．すなわち，冷房であれば，在室者に不快感を与えない程度にぎりぎりまで温湿度を高く設定したい．暖房の場合は，その逆である．

実際には，季節による服装の違いや室の用途・目的に差があるので，設定温

表2-3 ◆ 温熱環境の設計条件と適用可能な建築用途

活動状態	代謝量(met)	着衣量(clo)	室温(℃)	湿度(%)	適用建築用途
椅座	0.7〜1.0	0.4〜0.6 0.8〜1.0	25〜27 23〜25	40〜60 40〜60	住宅・劇場
軽作業	1.0〜1.2	0.4〜0.6 0.8〜1.0	23〜25 21〜23	40〜60 40〜60	事務所・ホテル・学校・レストラン
中作業	1.4〜1.8	0.4〜0.6 0.8〜1.0	21〜24 18〜21	40〜60 40〜60	銀行・百貨店・商店・料理店
重作業	2.0〜2.5	0.4〜0.6 0.8〜1.0	17〜20 14〜17	40〜60 40〜60	ダンスホール・工場

注：室温＝平均放射温度 (MRT)，気流速度＜0.2 m/s，各行の上段が夏季，下段が冬季を示す．
出典：『建築環境工学用教材・環境編』（日本建築学会，1995）

湿度はそれらを考慮してきめ細かく決定することが好ましい．もちろん，好みの温湿度には個人差があることも重要であり，また，暖冷房を行っている室内では温度分布や風速分布ができてしまうことも考慮しなければならない．しかし，大ざっぱにいえば，表2-3のような温湿度が暖冷房システムの設計において設定されるべき温湿度条件とされている．また，社会通念としては，もっと単純であり，

　①業務用建築［冬：22℃，40%，夏：26℃，50%］
　②住宅［冬：20℃，夏：28℃，湿度なりゆき］
とされている．

　SET*とPMVは，温熱環境指標として共に使用されており，両者から導かれる温冷感の結果や室内環境の評価には，それほど大きな差はないとされている．しかし，高温多湿の条件では，PMVの方が精度が良くないという意見もある．上述したように，省エネルギーのためには，最小のエネルギーで不快感のない室内環境にすることが求められている．そのためには，温熱環境指標を利用して，気温以外の温熱環境要素のコントロールを活用することが課題とされている．たとえば，①床暖房や天井冷房などのような放射暖冷房の採用，②夏季における風と低湿度の利用，などについて研究が行われている．また，パーソナル空調やタスク・アンビエント空調（室全体は弱く空調し，在室者は好みに応じて個人別の空調吹出口から空調空気の供給を受ける空調方式）のような不均一環境も

不快感が問題にならなければ，今後は採用されていくものと思われる．

参考文献
1) 建築環境学1・2，木村建一編著，丸善，1992，1993．
2) 早稲田大学田辺研究室ホームページ，http://www.tanabe.arch.waseda.ac.jp/

第 3 章 建築部位の伝熱特性

3.1　目的と意義

　建築熱環境を予測し，建築・設備の設計に役立てる学問を仮に「建築伝熱工学」と名付ければ，その当面の目標は建築の各部分と建築内外環境における温度，湿度，気流等を予測することにあると思われる．しかし，この目標は当面の目標にしてはあまりにも大きすぎる目標である．そこで，やや曖昧であるが，主として部屋の全体的な温度（つまり「室温」）に着目して議論を展開することにする．

　ところで，温度というものは，さまざまな熱量のバランスによって定まるものである．ゆえに，室温を予測するためには，まず建築の内外において熱の発生や移動がどのような様相を呈しているのか，考察・分析し，定式化（モデル化）しておかねばならない．この章では，「建築伝熱工学」における基礎として，こうした熱の発生や移動に関する定式化について示す．

3.2　建築における伝熱の様相

　建築の内外における熱の発生や移動の様相について考察してみよう．まず，建築は外界環境にさらされているので，明らかに外界気象・気候の影響を受ける．つまり，外気温，日射（太陽熱），大気放射，外界湿度，雨，風，地盤温度などの影響を受けるし，これらの外界気象要素は時々刻々変化することに大き

な特徴がある．他方，建築の内部においても，居住者の人体，照明，家電機器などからの発熱がある．また，窓ガラスを透過した日射は，床面等に当たりそこで吸収され，熱を発生させる．建築の内外にはこのような熱の発生に関する不均一が存在する．そのために，それを解消するような方向に熱の移動が発生する（このような現象は熱力学ではエントロピー増大の法則と呼ばれている）．また，物質には熱を蓄える性質（蓄熱性）も存在する．そして，このような熱移動と蓄熱の結果として室温が定まるのである．

3.2.1　伝熱要素の分類

　熱移動の形態には，よく知られているように，伝導，対流，放射の3つがある（図3-1参照）．しかし，建築伝熱工学ではこれらをそのままの形で用いることはない．建築伝熱工学では室温計算を簡便に行うという目的のために，室温を中心的な存在と捉え，伝達される熱や発生した熱は以下のような項目（「伝熱要素」と命名する）に分類され，定量的な考察と定式化が行われる（図3-2参照）．

① 貫流熱：外壁，天井，床，窓などの主として固体で構成される建築部位（多くは壁体状）を通過する熱流のことである．本書では，主に外気に接する部位（本書ではこれを外皮（envelope）という）の貫流熱を対象として議論が展開されるが，一般的には室と室との間に位置する間仕切壁などにおいても貫流熱が存在する．
② 換気に伴う輸送熱：換気や漏気（外皮に存在する隙間を通じて出入りする空気の漏れ）によって外気と室内空気との間でやりとりされる熱のことである．

図3-1　熱移動の3つの形態

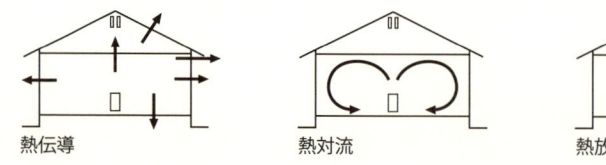

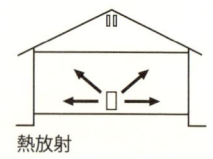

熱伝導　　　熱対流　　　熱放射

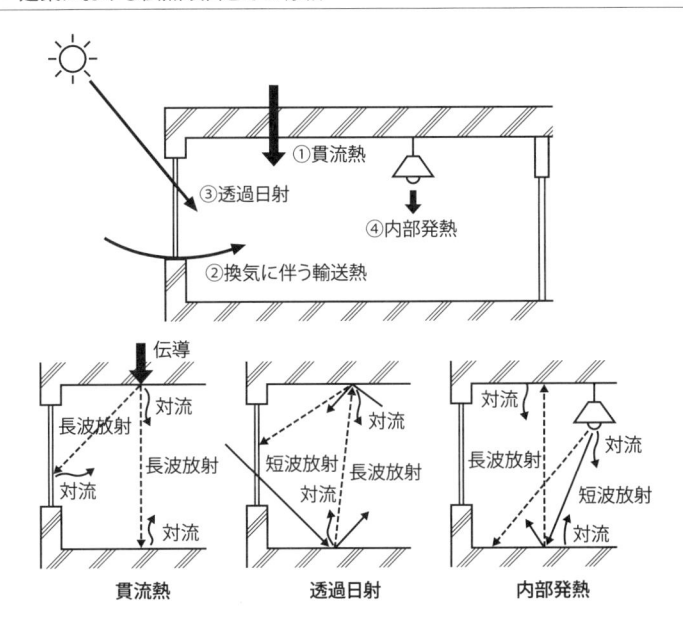

図3-2 ◆ 建築における伝熱項目とその様相

③透過日射：窓ガラスを透過して室内に入り込む日射熱のことである．室内に入り込んだ日射熱はその大半は室内の床・壁などに吸収されたのち，瞬時に対流と放射によって室内空間全体に放熱される．

④内部発熱：人体，照明，家電機器等の室内に存在する物体から発せられる熱であり，対流で室内に伝達されるものと放射で伝達されるものに分かれる．

⑤蓄熱：建築を構成する壁，天井，床や建築内部に設置される家具などに蓄えられる熱のことである．

⑥潜熱：建築内外に存在する水分の蒸発や凝縮，さらには，壁体や家具などの吸放湿に伴って発生する熱のことである．

3.2.2 伝熱モデルにおける仮定と近似

さて，上記のように分類された伝熱要素に関して定式化や評価を行う前に，

建築伝熱の問題においてよく用いられるいくつかの仮定や近似的取り扱いについて説明しておく．

(a) 室温／室内温度分布／総合熱伝達率

我々は何気なく「室温」という言葉を使っているが，実は，室温の厳密な定義は難しいというより，不可能に近い．室内周壁の表面温度が不均一であったり，室内に発熱体があったりすると，室内の空気温度は一様ではなく，分布ができる．また，放射も場所や向きによって異なる．第2章で学んだ温熱感覚の知識を借りて，あえて厳密に室温を定義するとすれば，室温とは室内空間の平均作用温度ということになるかもしれない．しかし，それでは複雑すぎて実用的なものにならない．そこで，第4章で示す室の熱収支においても使用できて，かつ，現実にはほとんどありえない仮想的なものであっても，概念としてはわかりやすい「室温」を，本書では以下のように定義する．

まず，室内の空気は十分に攪拌されており温度分布は存在しないということを仮定する（「完全混合の仮定」といい，図3-3を参照）．さらに，室内壁の表面から室内へ放熱（あるいは「伝達」という）される熱量の計算においては，放熱量を放射伝熱と対流伝熱に分離して定式化するのではなく，両者の効果を一括した総合熱伝達率（3.3.5項参照）という係数を用いて計算することにする．したがって，本書で用いられる室温とは，実際の室内温度とは異なる仮想の温度であり（完全混合の仮定が適用されているので），なおかつ，室内壁の表面温度の影響を直接的に受けるので（総合熱伝達率を適用しているので），室内空気温度そのものよりは体感温度に近い温度であると想像される．

もちろん，最近では室内の対流伝熱と放射伝熱を物理現象として忠実にモデル化し，温度分布を有する室内熱環境をコンピュータを用いてかなり精確に予測できるようになっている．しかし，本書はコンピュータサイエンスを紹介するものではないので，そのような精緻な数理モデルについては述べない．上で定義した「室温」を用いて，次節以降で示すように，各伝熱要素の定式化を行い，建築設計において有用な知見を導出することに専念する．

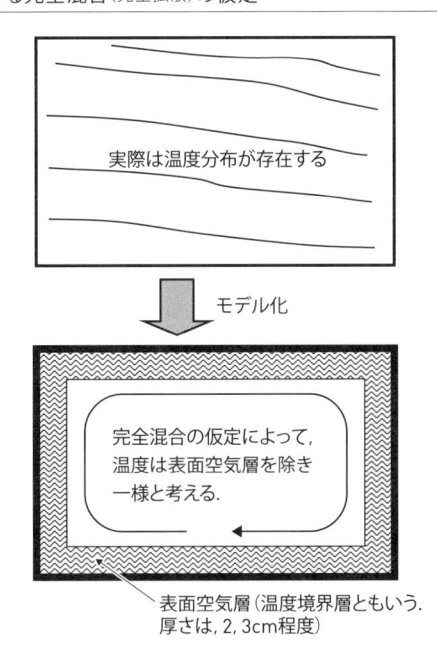

図3-3 ◆ 室内における完全混合(完全拡散)の仮定

実際は温度分布が存在する

↓ モデル化

完全混合の仮定によって,温度は表面空気層を除き一様と考える.

表面空気層(温度境界層ともいう.厚さは,2,3cm程度)

(b) 壁体における熱の流れと1次元熱流の仮定

金属などの固体における熱の流れ(熱流)は厳密には3次元的であり,非定常である.精確には熱伝導を表す温度の偏微分方程式によって記述され(第7章を参照),昨今ではコンピュータを使ってその偏微分方程式を解くことも比較的容易である.建築壁体の熱流は,壁体を構成する建材がたとえ多孔質であっても,近似的に固体中の熱流と見なせる.したがって,壁体の熱流を3次元で取り扱うことも不可能ではないが,本書ではそのような精緻な論理は展開せず,問題をより単純化して扱うことにする.これは何も手抜きをしようというのではなく,問題のエッセンスだけを抽出して,問題の本質をより単純・明快に表現する試みに他ならない.

建築壁体は,厚さ方向に対して縦横の寸法の方がかなり長いので,近似的には面と見なせる.よって,壁体中の熱流は,壁面に垂直な方向の流れが,壁面に平行な流れに比べ支配的になる.そこで,本章で説明する室温モデルにおい

図3-4 ◆ 壁体における1次元熱流の仮定

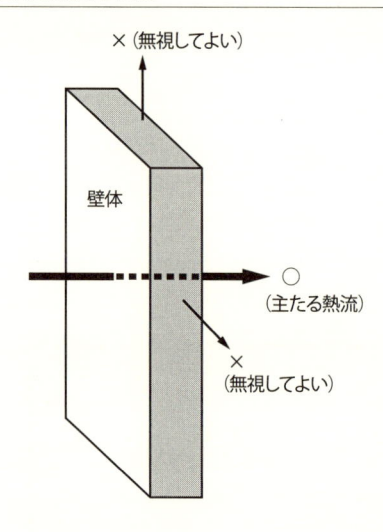

× (無視してよい)

壁体

○ (主たる熱流)

× (無視してよい)

ては、壁体中の熱流は壁面に垂直な方向のものしか考えないことにする．つまり、図3-4に示すように、壁体では1次元の熱流を仮定する．この仮定は、実際の建築においては、壁や天井・床などの多くの部分においてほぼ成立していると想像される．しかし、部位の取り合い部分や金属製の構造体が形成する熱橋などにおいては、この仮定は計算誤差を生む原因になる．よって、より精度の高い計算を行う場合には、この仮定の下に得られた結果に対して何らかの補正が必要となる (3.3.6項を参照)．

3.3 貫流熱

3.3.1 熱貫流率

貫流熱とは、壁体を挟む2点の流体温度を定義したとき、壁体を通過する熱流のことである．建築における典型的な例は、次式のように、室温と外気温が与えられたときに外皮部位を通過する熱流である．蓄熱が発生しない状態、つ

図3-5 ◆ 壁体における熱流と等価な電気回路

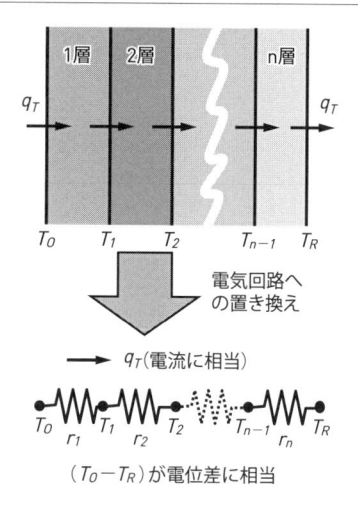

まり定常状態を仮定すると，貫流熱は部位面積および2点間の温度差に比例する．そして，その比例定数が熱貫流率と呼ばれる重要な伝熱特性値である．すなわち，室内が取得する熱を正に取れば，ある部位の貫流熱は，

$$q_T = UA(T_O - T_R) \tag{3.1}$$

である．ただし，

$q_T =$ 部位の貫流熱 [W]

$U =$ 部位の熱貫流率 [W/(m²·K)]

$A =$ 部位の面積 [m²]

$T_R =$ 室温 [℃]

$T_O =$ 外気温 [℃]

である．

　建築壁体の主要な部分は，面材や空気層を重ね合わせて造られている．これらの面材や空気層を，すべて面状に広がった層と考え（両端の表面空気も空気層と考える），一つ一つの層における熱抵抗を定義すれば，熱貫流率は次式のように，各層の熱抵抗の和の逆数で表される（理由は3.3.2項を参照）．層の熱抵抗から熱貫流率を求める問題は，図3-5に示すように，直列につないだ電気回路の

合成抵抗を求める問題と等価である．その場合，電流は単位面積当たりの熱流に，電位差は温度差に，それぞれ相当することになる．また，熱貫流率の逆数は熱貫流抵抗と称される．したがって，次式は建築伝熱工学において最も基本的でかつ重要な公式である．

$$U = \frac{1}{R}$$
$$R = \sum_{i=1}^{n} r_i \tag{3.2}$$

ここで，記号の定義は以下のとおりである．
R＝熱貫流抵抗 [m²·K/W]
r_i＝第 i 層の熱抵抗 [m²·K/W]

3.3.2 熱伝導率と熱抵抗

上記の層が建築材料であれば，それは近似的に固体とみなせるので，よく知られているフーリエの熱伝導の法則を適用できる．これは，2点間を通る熱流は断面積と2点間の温度差に比例し，2点間の距離に逆比例するという法則である．そのときの比例定数は熱伝導率と称される．上述のように，定常状態を仮定し蓄熱は無いとしているので，各層での熱流はどの層でも等しく，かつ，貫流熱に等しい（図3-6を参照）．

図3-6 ◆ 固体中の伝導熱とフーリエの法則

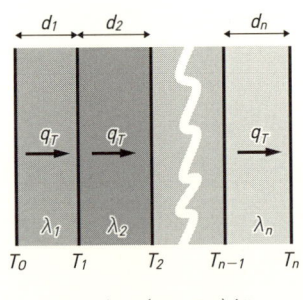

$$q_T = \lambda i A (T_{i-1} - T_i)/d_i$$

$$q_T = \frac{\lambda_1 A (T_0 - T_1)}{d_1}$$
$$q_T = \frac{\lambda_2 A (T_1 - T_2)}{d_2}$$
$$\vdots \tag{3.3}$$

である．ここで，

$\lambda_i =$ 第 i 層の熱伝導率 [W/(m·K)]

$d_i =$ 第 i 層の厚さ [m]

$T_i =$ 第 i 層と第 $i+1$ 層との境界での温度 [℃]

である．式 (3.3) の各々を，

$$\frac{q_T d_1}{\lambda_1} = A(T_0 - T_1)$$

$$\frac{q_T d_2}{\lambda_2} = A(T_1 - T_2)$$

$$\vdots$$

のように変形し，左辺は左辺で，右辺は右辺で合計すると，

$$q_T \sum_{i=1}^{n} \frac{d_i}{\lambda_i} = A(T_0 - T_n)$$

が得られる．$T_0 = T_O$，かつ，$T_n = T_R$ とおき，この式を変形すれば，式 (3.1) が得られる．ただし，第 i 層の熱抵抗 r_i を

$$r_i = \frac{d_i}{\lambda_i} \tag{3.4}$$

で定義する．なお，λ の逆数を熱伝導比抵抗，r の逆数を熱コンダクタンスという．

　建築材料には多孔質のもの (コンクリートや木材など) と非多孔質のもの (金属やガラスなど) の両方が使われている．このうち厳密な意味で熱伝導率を定義できる材料は，非多孔質の材料だけである．多孔質の材料は固体部と微小な空隙 (空隙には空気や水分が詰まっている) から成り立っているので，その熱伝導率は見かけのものに過ぎない．このような見かけの熱伝導率と結晶構造を有する金属

図3-7 ◆ 建築材料の熱伝導率とその密度との関係

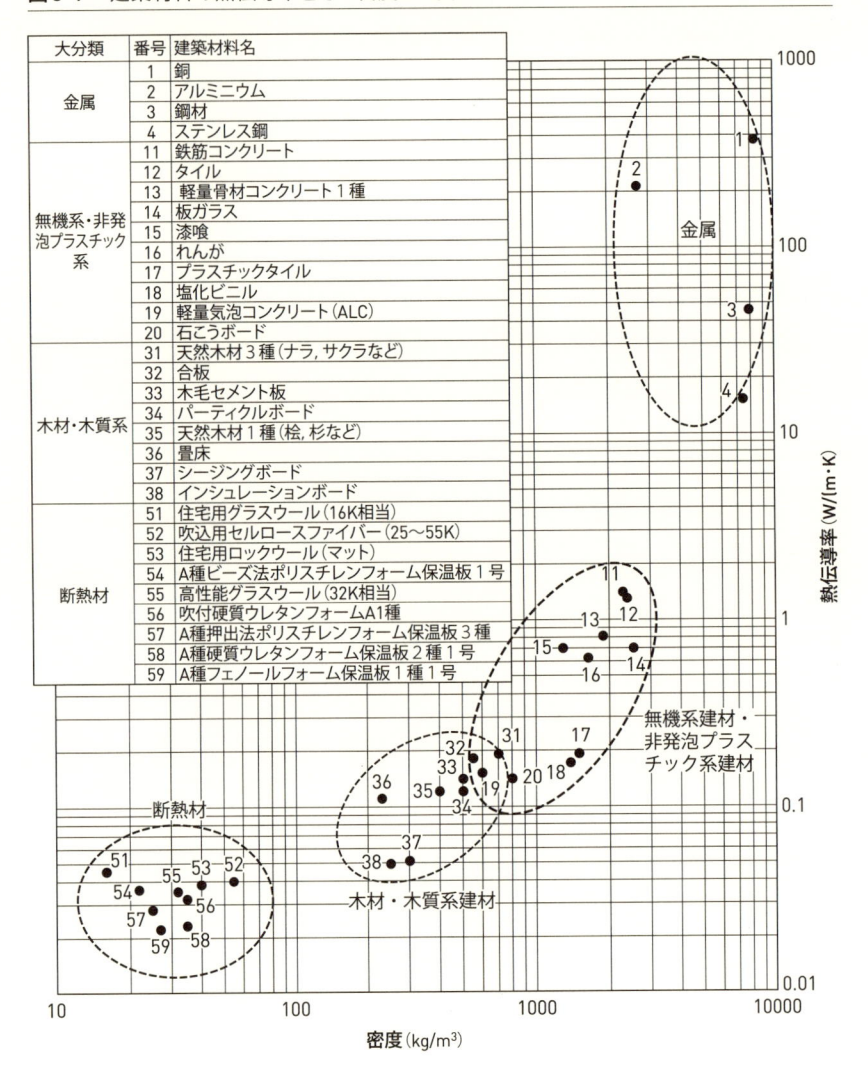

大分類	番号	建築材料名
金属	1	銅
	2	アルミニウム
	3	鋼材
	4	ステンレス鋼
無機系・非発泡プラスチック系	11	鉄筋コンクリート
	12	タイル
	13	軽量骨材コンクリート1種
	14	板ガラス
	15	漆喰
	16	れんが
	17	プラスチックタイル
	18	塩化ビニル
	19	軽量気泡コンクリート(ALC)
	20	石こうボード
木材・木質系	31	天然木材3種(ナラ,サクラなど)
	32	合板
	33	木毛セメント板
	34	パーティクルボード
	35	天然木材1種(桧,杉など)
	36	畳床
	37	シージングボード
	38	インシュレーションボード
断熱材	51	住宅用グラスウール(16K相当)
	52	吹込用セルロースファイバー(25〜55K)
	53	住宅用ロックウール(マット)
	54	A種ビーズ法ポリスチレンフォーム保温板1号
	55	高性能グラスウール(32K相当)
	56	吹付硬質ウレタンフォームA1種
	57	A種押出法ポリスチレンフォーム保温板3種
	58	A種硬質ウレタンフォーム保温板2種1号
	59	A種フェノールフォーム保温板1種1号

044 | 3.3 貫流熱

表3-1 ◆ 建築材料の熱物性値(熱伝導率,容積比熱,および密度)

材料分類	材料名	熱伝導率 λ (W/(m・K))	容積比熱 C_ρ (kJ/(K・m³))	密度 ρ (kg/m³)
金属	アルミニウム 鋼材	210 45	2484 3930	2700 7860
セメント系	鉄筋コンクリート ALC	1.4 0.15	2024 660	2300 600
板硝子 れんが	板硝子 れんが	0.70 0.62	1905 1386	2540 1650
木質系	天然木材 合板	0.12 0.18	520 715	400 550
せっこう系	せっこうボード 木毛セメント板(普通品)	0.14 0.14	904 835	800 500
繊維板	A級インシュレーションボード パーティクルボード	0.049 0.012	325 650	250 500
繊維系断熱材	グラスウール セルロースファイバー ロックウール	0.047 0.040 0.040	12.6 50.4 33.6	15 40 40
発泡系断熱材	硬質ウレタンフォーム 押出発泡ポリスチレン フォームポリスチレン	0.027 0.037 0.037	42.0 29.4 31.5	40 28 30
その他	水 空気	0.59 0.026	4187 1.2	997 1.2

出典:『建築環境工学用教材・環境編』(日本建築学会,1995)

などの熱伝導率(真の熱伝導率)とは,実は性質がかなり異なるのだが,建築学の分野では同じ熱伝導率という用語を使用して表している.

　空気の熱伝導率は固体素材単体のそれに比べると極端に小さいため,空気を含有する多孔質建材においては,熱伝導率はおおよそ密度に比例する傾向を示す(図3-7参照).つまり,熱伝導率は,断熱材のような疎な材料では小さく,コンクリートのような密な材料では大きくなる.表3-1に主な建築材料の熱伝導率などの熱物性値を示すが,断熱材の熱伝導率は,コンクリートのそれの数十分の1,金属の数千分の1であることに注目してほしい.この結果,断熱材を使った壁と使わない壁とでは熱の伝わり方が大きく異なることになる.

3.3.3　空気層の熱伝達と熱伝達抵抗

　空気層とは，壁体の内部に造られる厚さ数mm〜数百mmの，層状の空洞部分（建築材料が存在しない部分），および，壁体の内外両表面における温度境界層（空気温度がかなり変化している部分）のことである．本書では，前者を中空層，後者を表面層と称するが，前者を単に空気層と言う人もいる．このような空気層においては，熱の移動は空気の対流（通常，乱れた気流である）と壁体表面での放射授受によって生じるので，先述したフーリエの法則を適用することはできない．

　空気層の熱移動を支配する現象は熱伝達（heat transfer）と呼ばれ，熱伝導（heat conduction）とは明確に区別されている．熱伝達は，上記のように対流（convection）と放射（radiation）によって生じるが，対流も放射も共に複雑な現象であるので，熱伝達も複雑な様相を呈する．熱伝達も，熱伝導と同様に，移動熱量（伝達熱）は2点間（この2点は流体中の点でも，壁体表面上の点でも，どちらでもよい）の温度差と断面積に比例する．よって，諸量を式 (3.3) の場合と同様にして定義すると，

$$q_T = hA(T_1 - T_2) \tag{3.5}$$

となる．ただし，

　　$h =$ 熱伝達率 $[\mathrm{W/(m^2 \cdot K)}]$　（h ではなく α という記号が用いられる場合もある）

であり，対流と放射の影響はこの h に反映される．こうすれば，式 (3.4) の導出と同様にして，第 i 層が空気層の場合，その層の熱抵抗 r_i は

$$r_i = \frac{1}{h_i} \tag{3.6}$$

となる．なお，$1/h$ は，固体の熱抵抗と区別しなければならないので，熱伝達抵抗と称される．

3.3.4 対流熱伝達と放射熱伝達

　熱伝達は対流による現象（対流熱伝達）と放射による現象（放射熱伝達）が入り混じった現象と考えられるが，今，両者を分離・独立して考察してみる．まず，対流熱伝達について考える．対流熱伝達においても，式(3.5)と同等な式が成立する．

　すなわち，対流熱伝達によって輸送される熱量 q_C [W] は，

$$q_C = h_C A (T_1 - T_2) \tag{3.7}$$

で与えられ，h_C は対流熱伝達率 [W/(m²·K)] と呼ばれる伝達係数である．h_C は空気層における気流の様相によって大いに変化するので，h_C を知るためには，気流の様相を把握しなければならない．流体の流れを扱う学問は，ニュートン以来，流体力学として発展してきたが，今日では数値流体力学 (computational fluid dynamics : CFD) として大いに発展している[1]．しかし，実際の建物のような複雑な形状の場合には，CFD による予測は簡単なことではないので，h_C の値は通常，実測値に基づいて経験的に定められた数値が使用されている．図 3-8 は屋外表面層における h_C の実測値をまとめたものであり，h_C が風速とともに増大することが示されている．

　一方，放射熱伝達では，ステファン・ボルツマンの法則が基本法則であるので，複雑な形状の放射伝達の問題でもこの法則を使用して解析的に解くことが可能である[2]．今，最も単純な問題として，無限に長い平行平板間（中空層）の放射熱伝達を考えてみる．この問題では，平板面の放射率が1に近ければ，

$$q_R = \sigma A \left\{ T_1^4 - T_2^4 \right\} \tag{3.8}$$

となる．ここで，
　q_R ＝放射熱伝達による移動熱量 [W]
　σ ＝ステファン・ボルツマンの定数＝ 5.67×10^{-8} [W/(m²·K⁴)]
である．式(3.8)を変形すれば次式が得られる．

$$q_R = h_R A (T_1 - T_2) \tag{3.9}$$

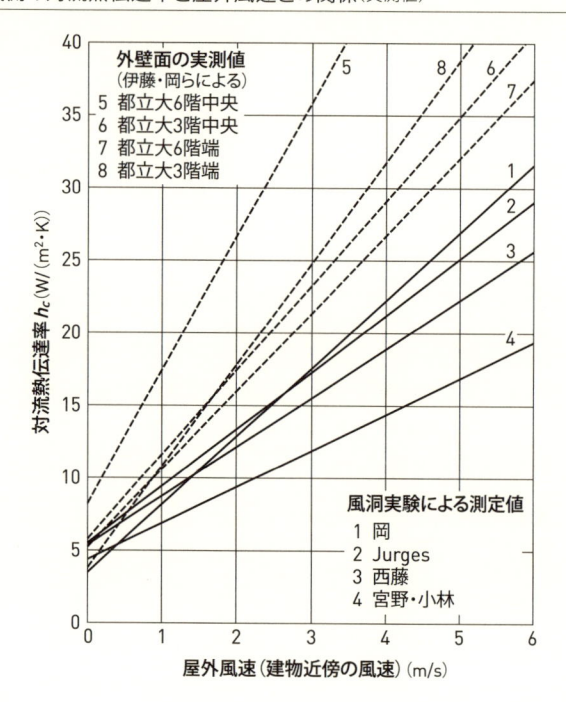

図3-8 ◆ 外気側の対流熱伝達率と屋外風速との関係(実測値)

外壁面の実測値
(伊藤・岡らによる)
5 都立大6階中央
6 都立大3階中央
7 都立大6階端
8 都立大3階端

風洞実験による測定値
1 岡
2 Jurges
3 西藤
4 宮野・小林

縦軸: 対流熱伝達率 h_C (W/(m²·K))
横軸: 屋外風速(建物近傍の風速) (m/s)

図3-9 ◆ 表面層における放射熱伝達率と温度との関係(表面の放射率が1の場合)

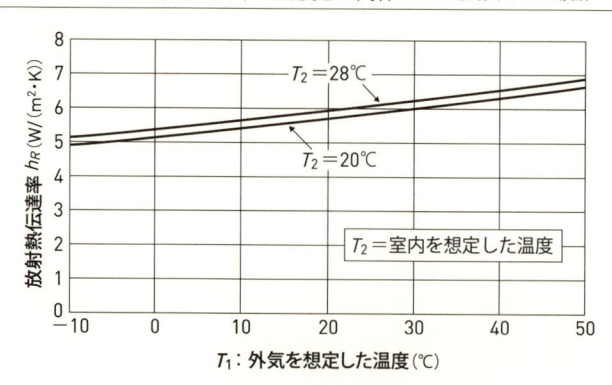

$T_2 = 28℃$
$T_2 = 20℃$

$T_2 =$ 室内を想定した温度

縦軸: 放射熱伝達率 h_R (W/(m²·K))
横軸: T_1: 外気を想定した温度 (℃)

ただし，h_R は放射熱伝達率 $[\mathrm{W/(m^2 \cdot K)}]$ であり，

$$h_R = \sigma\left(T_1^3 + T_1^2 T_2 + T_1 T_2^2 + T_2^3\right) \tag{3.10}$$

で定義される．式 (3.10) によって表される h_R を図3-9に示す．もし T_1 も T_2 も常温（10〜30℃程度）であれば，この図からわかるように，h_R の値はそう大きくは変化せず，h_R は 5〜6 W/$(\mathrm{m^2 \cdot K})$ 程度となる．平行平板以外の想定においても，h_R は式 (3.10) に類似した数式などで示されることが多い．

3.3.5　総合熱伝達率と室温

上記のように，熱伝達は対流成分と放射成分が混合したものであるから，式 (3.7) と式 (3.9) の和を取れば，両熱伝達による総熱量が求められる．つまり，

$$q_T = q_C + q_R = hA(T_1 - T_2) \tag{3.11}$$

である．ただし，

$$h = h_C + h_R \tag{3.12}$$

である．h は対流熱伝達率と放射熱伝達率の和であるので，このような場合は単に熱伝達率とは呼ばず，総合熱伝達率 $[\mathrm{W/(m^2 \cdot K)}]$ と呼ぶ．さらに，h の逆数 $1/h$ は総合熱伝達抵抗 $[\mathrm{m^2 \cdot K/W}]$ と称される．

ここでは，このような熱伝達率の合成と室温との関係について考察してみよう．まず，中空層において式 (3.11) を考えてみよう．中空層では，図3-10に

図3-10 ◆ 中空層における対流熱伝達と放射熱伝達

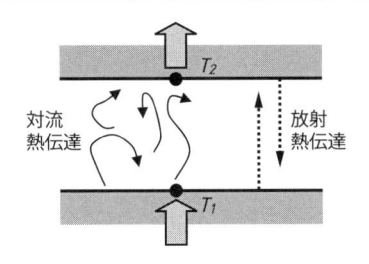

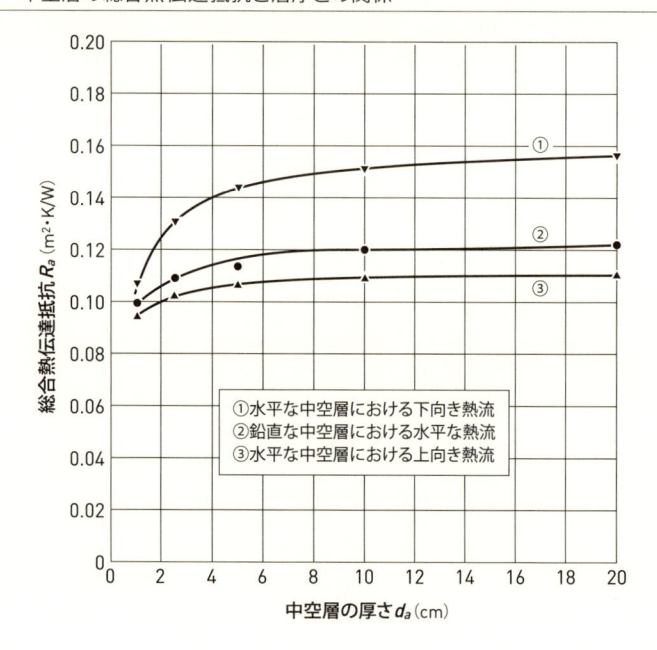

図3-11 ◆ 中空層の総合熱伝達抵抗と層厚との関係

①水平な中空層における下向き熱流
②鉛直な中空層における水平な熱流
③水平な中空層における上向き熱流

示すように，層を挟む両壁面においてT_1とT_2なる表面温度を定義できるので，熱伝達率の分離と合成は実際の現象とも対応しており，比較的理解しやすい．図3-11に中空層の総合熱伝達抵抗を実測した結果を示す．中空層の層厚が大きくなると，熱伝達抵抗は一定値に近づいていくことがわかる．

一方，室内の表面層の場合には，図3-12Aに示すように，壁面が増えるので，熱伝達率の分離・合成は簡単には理解できない．とりわけ，室温T_2の定義が問題になる．もちろん，現象に忠実に考え，T_2を室の空気温度とみなして解析する方法も存在する．しかし，その場合には熱伝達経路が複雑になるので，放射熱伝達の計算も複雑になる．そこで，伝熱計算の体系をわかりやすく，かつ，計算自体も容易にするために，以下の方法が採用される．この方法は，各壁表面の熱伝達量については精確に扱うが，熱伝達の経路に対しては，図3-12Bに示すように，総合熱伝達率hによって形成される架空の経路に置き換えるものである．ここで，hは式 (3.12) のように，対流成分h_Cと放射成

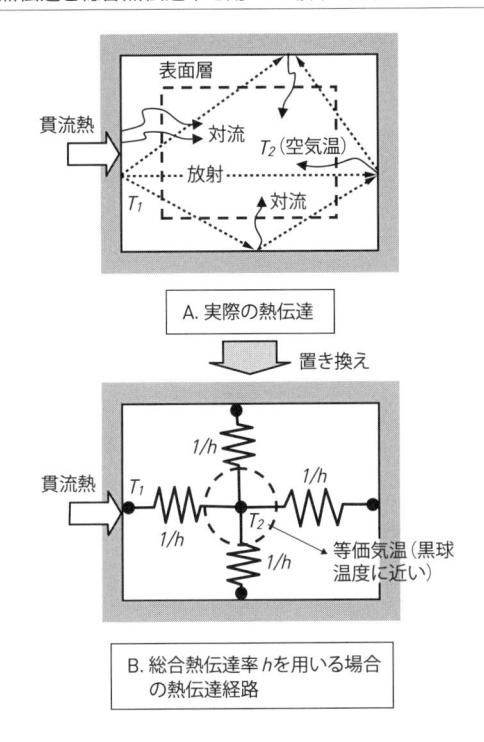

図3-12 ◆ 実際の熱伝達と総合熱伝達率を用いた場合の熱伝達

A. 実際の熱伝達

置き換え

B. 総合熱伝達率 h を用いる場合の熱伝達経路

分 h_R で構成されると考え，さらに，それらは，前項で示した各定義に従って与えることができるものとする．たとえば，放射熱伝達率は式 (3.10) で与えられるものとする．このように考えれば，室温 T_2 は等価気温（「放射量を等価な温度差（等価温度差）に換算し，実際の気温に加えた気温」という意味であり，第5章5.3.4項を参照のこと）と呼ばれる数式上の気温として定義されることになる．式 (2.4) や式 (2.5) で定義した作用温度や黒球温度も等価気温の一種であり，室温 T_2 はこれらに類似した温度となる．このような室温は架空の気温であるので，それ自身を直接測定することはできないが，居住者が実際に感じる温度（いわゆる「体感温度」）に近いというメリットもあり，環境温度とも称されている．本書では，以後，室温はすべてこの等価気温で定義した室温を用いる．

図3-8や図3-11からわかるように，総合熱伝達率は，対流成分が気流の影

表3-2 ◆ 中空層の熱伝達抵抗(慣用値)

中空層の種類	中空層の厚さ	熱伝達抵抗 [$m^2 \cdot K/W$]
工場生産などで気密なもの	2 cm 以下	$0.09 \times da$
	2 cm 以上	0.18
現場施工などで気密でないもの	1 cm 以下	$0.09 \times da$
	1 cm 以上	0.09

出典:『住宅の省エネルギー基準の解説[第2版]』((財)建築環境・省エネルギー機構, 2002)

表3-3 ◆ 表面層の熱伝達抵抗(慣用値)

部位	室内側熱伝達抵抗 [$m^2 \cdot K/W$]	外気側熱伝達抵抗[$m^2 \cdot K/W$]	
		外気の場合	外気以外の場合
屋根	0.09	0.04	0.09(通気層*)
天井	0.09	—	0.09(小屋裏)
外壁	0.11	0.04	0.11(通気層*)
床	0.15	0.04	0.15(床下)

＊外装材の建物側に設ける湿気排出のための, 外気に開放された中空層(表3-4の断面図を参照).
注:外気以外の場合, ( )の中のスペースを外気に見立て, そのスペースの温度を外気温としてよい.
出典:『住宅の省エネルギー基準の解説[第2版]』((財)建築環境・省エネルギー機構, 2002)

響を強く受けるので, その数値は一概に定められるものではない. しかし, それでは熱貫流率も計算できなくなるので, 設計などの実務においては予め定めた標準的な熱伝達率の数値を用いて計算することが取り決められている. このような標準的な数値は設計用の慣用値と呼ばれている. 総合熱伝達抵抗について, 政府の省エネルギー基準などで定められている慣用値を表3-2と表3-3に示す.

3.3.6 構造熱橋と実質熱貫流率

以上に従えば, 与えられた部位断面に対して, 熱貫流率を計算することが可能である. しかし, 実際の建築部位の熱貫流率を計算しようとすると, 必ず突

き当たる問題がある．それは，外壁や床など実際の部位には必ず柱や梁，根太などの構造部材が存在し，部位の断面が一様ではないので，1次元熱流を適用できないのではないか，という問題である．窓でさえ，ガラスだけで構成されているわけではなく，必ずサッシという断面形状が複雑な外枠が付いているのである．構造部材は一般に金属やコンクリートなどの熱伝導率の大きなものが多いので，このような部材が外壁などの部位を構成していれば，その部位は全体としても熱が伝わりやすくなっている場合がある．こうした部材はあたかも熱を伝える「橋」のような効果を及ぼすので，「構造熱橋」と呼ばれている．つまり，壁体に断熱材を施工しても，構造熱橋に対する対策を十分に取っていなければ，構造熱橋の効果によって断熱材の効果は薄れてしまうのである．

　このような構造熱橋を有する部位においても，熱貫流率は式 (3.1) によって定義されるが，単一断面の熱貫流率とは求め方が異なるという意味で，この場合は「実質熱貫流率」と称することにしている．実質熱貫流率は，人工気候室などにおいて貫流熱を実測し，式 (3.1) を用いて求めてもよい．実際，窓やドアなどの開口部に対してはこのような測定によって実質熱貫流率を求めることが多い．また，次式で示すような計算によって近似的に求める方法もある．

$$U = \beta U_A \tag{3.13}$$

ここで，U は実質熱貫流率 [W/(m²·K)]，β は熱橋係数 [無次元] と呼ばれる熱橋の種類に応じた係数である．U_A は面積加重平均によって求めた平均熱貫流率，

$$U_A = \frac{\sum_i U_i A_i}{\sum_i A_i} \tag{3.14}$$

であり，当該の部位は，断面が異なる各部分 i（その面積を A_i，熱貫流率（通常の）を U_i とする）に分割できるものとする．この方法では，熱橋の種類に応じて β を予め2次元伝熱計算などによって求めておかねばならない．β は，熱橋が木材のような熱伝導率が比較的小さな材料で形成されている場合は，ほぼ1でよい（すなわち $U = U_A$）ことがわかっている．しかし，金属で形成される熱橋の場合

表3-4 ◆ 部位の実質熱貫流率の例

部位	工法	断面図（下は凡例） 木材　防湿層 鋼材　透湿防水層	部分のU_i [W/(m²·K)]	部分のA_i (ただし、面積比率)	熱橋係数β 実質熱貫流率 [W/(m²·K)]
外壁	在来木造 無断熱	せっこうボード等の内装材／モルタル等の外装材／中空層	$U_1=3.23$	$A_1=0.83$	$\beta=1.0$
			$U_2=0.91$	$A_2=0.17$	$U=2.84$
	在来木造 充填断熱	グラスウール16K 100 mm／通気層($r=0.11$)	$U_1=0.40$	$A_1=0.83$	$\beta=1.0$
			$U_2=0.87$	$A_2=0.17$	$U=0.48$
	鉄骨造 充填断熱	グラスウール16K 100 mm／通気層($r=0.11$)	$U_1=0.40$	$A_1=0.83$	$\beta=1.25$
			$U_2=2.22$ (鋼材の厚みは無視)	$A_2=0.17$	$U=0.89$
天井	枠組壁工法 (2×4工法) 敷き込み断熱	ロックウール75 mm／ロックウール90 mm／室内	$U_1=0.22$ (天井根太は無視)	$A_1=1.0$	$\beta=1.0$
					$U=0.22$
床	枠組壁工法 (2×4工法) 充填断熱	押出発泡ポリスチレン60 mm	$U_1=0.38$	$A_1=0.875$	$\beta=1.0$
			$U_2=1.03$	$A_2=0.125$	$U=0.46$

出典：『住宅の省エネルギー基準の解説[第2版]』((財)建築環境・省エネルギー機構，2002)

は，熱流が1次元的とはいえなくなるので，βは一般に1より大きく，1.5以上になるものもある．表3-4に壁体の実質熱貫流率の一例を示す．同じグラスウール100 mmの充填断熱であっても，木造と鉄骨造(ただし熱橋対策は十分とはいえない)とでは，実質熱貫流率がかなり異なる(0.48と0.89)ことに注目してほしい．また，表3-5には窓(住宅用)の実質熱貫流率を示す．これらの数値は，人工気候室等において実測された市販の窓の数値を仕様別に取りまとめた慣用値である．

表3-5 ● 住宅用窓の実質熱貫流率(慣用値, Aは複層ガラスの場合の空気層厚)

サッシの仕様	ガラスの仕様	実質熱貫流率 [W/(m²·K)]
金属製(一重)	普通ガラス単板	6.51
金属製(一重)	普通ガラス複層A6 mm	4.65
金属製熱遮断構造(一重)	普通ガラス複層A12 mm	3.49
金属製熱遮断構造(一重)	低放射ガラス複層A12 mm	2.91
木製またはプラスチック製(一重)	普通ガラス複層A12 mm	3.49
木製またはプラスチック製(一重)	低放射ガラス複層A12 mm	2.33
金属製サッシ・単板ガラス＋プラスチック製サッシ・普通ガラス複層A12 mm		2.33
木製またはプラスチック製(一重)で開き戸	低放射ガラス複層A12 mmでアルゴン入り	1.90

出典：『住宅の省エネルギー基準の解説［第2版］』((財)建築環境・省エネルギー機構, 2002)

3.4 換気に伴う輸送熱

換気には機械換気と自然換気がある．また，自然換気においては，換気口を通して行われる意図的な換気と漏気(いわゆる「隙間風」を含めた建物のさまざまな隙間で生じる空気の流入出)とを厳密に区別すべきである．しかし，熱計算の場合には，こうした違いは無視し，これらを一括して換気と呼ぶことが多い．

換気においては，室内に流入する空気の全重量とその室内から流出する空気の全重量は等しくなる．これは室内の空気に対して，質量保存則が成立するからである．今，室内と外気の間で換気が行われていると想定して，換気に伴い輸送される熱量を求めてみよう．この熱量は，換気によって室が取得する単位時間当たりの正味熱量として定義できるので，図3-13に示すように，外気が持ち込む熱量(流入熱)から，流出する室内空気の熱量(流出熱)を引けば，求められる．よって，0℃を熱量計算のための基準温度とすれば，

$$q_V = C_a M T_O - C_a M T_R \tag{3.15}$$

である．ここで，

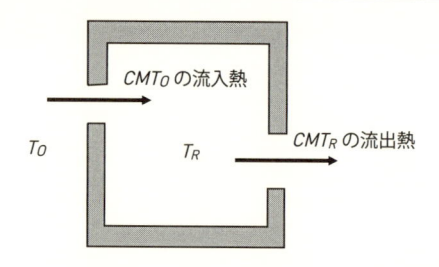

図3-13 ◆ 換気に伴う熱の流入と流出

q_V = 換気に伴う輸送熱 (室の正味取得熱) [W]
C_a = 空気の比熱 [J/(kg·K)]
M = 換気によって流入出する空気の重量 [kg/s]

である．また，T_O は外気温 (外気の空気温度) である．T_R も本来は室の空気温度とするのが正しい．しかし，この q_V の定式化においても，T_R に対しては，3.3.5項で定義した室温 (等価気温) を近似的に使用できるものと仮定する．

ところで，換気量は流入出空気の時間当たりの体積で示されることが多い．空気は，重量が同じでも温度が異なれば，厳密には体積や密度は異なる．しかし，気体の体積は絶対温度に比例するのであるから，常温付近の温度変化に対しては空気の体積変化量や密度変化量も小さいと考えることができて，

$$C_a M \fallingdotseq C_a \rho_O V_O \fallingdotseq C_a \rho_R V_R \fallingdotseq C_a \rho_m V_m$$

とすることができる．ただし，ρ は空気の密度 [kg/m³]，V は換気量 [m³/s] であり，サフィックスの $_O$, $_R$, $_m$ は各々，「外気」，「室内」，「外気と室内の平均」を表す．今，$_m$ で表される状態を常温と考え，空気の物性値を，$C_a = 1000$ J/(kg·K)，$\rho_m = 1.25$ kg/m³ (約10℃における数値) とする．また，換気量の単位を [m³/s] から [m³/h] に変換し，$V_m = V$ と記述すれば，$C_a \rho_m V_m = 1000$ J/(kg·K) × 1.25 kg/m³ × V [m³/h] ÷ 3600 s/h = 0.35 W/K，となるから，式 (3.15) は，結局，

$$q_V = 0.35 V (T_O - T_R) \tag{3.16}$$

となる．ここで，V は換気量 [m³/h] であるから，室の換気回数を n [回/h]，

室の気積を B [m³] とすると，$V = nB$ となる．したがって，式 (3.16) は

$$q_V = 0.35nB(T_O - T_R) \tag{3.17}$$

となり，換気に伴う輸送熱は換気回数と関連づけることができる．

3.5　透過日射

3.5.1　日射の透過，吸収，反射と日射取得熱

　窓をはじめとして，建築の外皮には透明なガラスが多く使用されている．ガラスは日射（太陽の放射熱）の大部分を透過させ，室内に大量の太陽エネルギーを導く．日射の物理的特徴や外皮に入射する日射量の計算については第5章で述べることにし，ここでは外皮に入射した後の日射について定式化を考える．

　日射量などの放射量は，単位面積を通過する時間当たりのエネルギーで表されるから，単位は [W/m²] である．図3-14に示すように，外皮に入射した日射 J [W/m²] は，①そのまま透過する成分 p，②外皮に吸収される成分 a，③外界に反射される成分 r，の3成分に分けられる．入射日射量に対する①，②，③の割合（すなわち，p/J, a/J, r/J）は，それぞれ透過率，吸収率，反射率と称される．表3-6に示すように，ガラスであれば，透過率が吸収率や反射率より大きな値になる．

　透過成分 p のほとんどは，最終的には室内の床・壁や家具などの表面で吸収され，それらの表面温度を上昇させる．表面温度が上昇すると，室内空気の対流が生じ，室内空気自体も温度が上昇する．p のうち，床・壁などから，反射や吸収後の再放射によって再び外界へ逃げてゆくものはかなり少ないと考えてよい．また，a は対流や放射によって室内に侵入する成分 a_1 と外界へ放出される成分 a_2 に分けられる（図3-14参照）．このように考えると，外皮を透過して室内に侵入する日射の総熱量は，ほぼ $p + a_1$ に等しいと考えてよいことになり，それを透過日射，あるいは，室内の日射取得熱と呼ぶことにする．

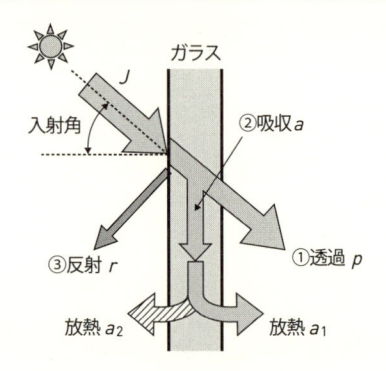

図3-14 ◆ ガラスにおける日射の透過・吸収・反射

表3-6 ◆ 板ガラス(6 mm厚)の日射物性値(垂直入射の場合)

板ガラスの種類	可視光線			日射熱		
	反射率	吸収率	透過率	反射率	吸収率	透過率
フロート板ガラス(透明)	0.08	0.03	0.89	0.07	0.11	0.82
熱線吸収板ガラス	0.06	0.31	0.63	0.06	0.37	0.57
熱線反射ガラス	0.36	0.13	0.51	0.29	0.17	0.54

したがって，今，A を日射を受ける外皮の面積 $[m^2]$ とすれば，透過日射は，

$$q_S = \eta J A \tag{3.18}$$

と表すことができる．ここで，

$q_S =$ 透過日射 (室内の日射取得熱) $[W]$

$$\eta = \frac{p + a_1}{J} \tag{3.19}$$

である．本書では，η を，日射を受ける外皮の日射侵入率 [無次元] と呼ぶ．なお，η は日射取得率とも言われるが，この名称では建物の日射取得係数(第4章を参照)と紛らわしくなるので，本書ではこの名称は使用しない．式(3.18)からわかるように，日射侵入率は外皮部位における日射熱の通りやすさを表す指標として定義される．また，類似の用語として日射遮蔽係数という用語もあ

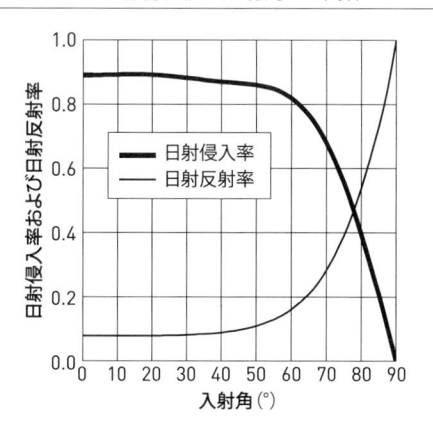

るが，こちらは厚さ3mmの透明ガラスの日射侵入率を1としたときの比率によって，日射熱の通りやすさを表したものである．

3.5.2 透明外皮の日射侵入率

建物における透過日射を正しく見積もるためには，日射透過率が大きいために日射侵入率も大きくなるガラスや窓に対して，正確な性状把握が重要になる．まず，ガラスだけの日射侵入率を考えてみよう．図3-15は，3mm厚の透明ガラスの入射角特性といわれるもので，入射角（図3-14参照）に対する日射侵入率の変化を示したものである．入射角が60°以上になると，日射反射率が大きくなるために，日射侵入率は急激に小さくなる性質があることが示されている．また，窓には通常，カーテン，ブラインドなどの遮蔽物や日除けが取り付けられることが多く，それらが及ぼす複雑な効果も考慮しなければならない．

それゆえ，日射侵入率を求めるための最も確かな方法は実測による方法であると考えられる．しかし，このような日射侵入率の実測は，ガラス単体についてはともかく，遮蔽物がある窓についてはそれほど多く行われている訳ではない．表3-7に，さまざまな種類の窓ガラスやそれらにブラインドなどの遮蔽

図3-15 ◆ 透明ガラス(3mm厚)の日射物性値と入射角との関係

表3-7 ◆ 主な住宅用窓ガラスの日射侵入率(慣用値)

ガラスの仕様	窓に取り付けられる遮蔽物			
	なし	レースカーテン	内付ブラインド	外付ブラインド
普通ガラス単板	0.88	0.56	0.46	0.19
普通ガラス複層	0.79	0.53	0.45	0.17
低放射ガラス複層*	0.62	0.48	0.43	0.15
熱線反射ガラス単板*	0.55	0.41	0.36	0.13
遮熱ガラス複層*	0.42	0.32	0.29	0.11

＊さまざまな特性のものがあるので，一例を示す．
出典：『住宅の省エネルギー基準の解説［第2版］』((財)建築環境・省エネルギー機構，2002)

物が取り付けられている場合の日射侵入率を示すが，これらには簡易な計算モデルを用いて計算した値も含まれている．この表は，表3-5の実質熱貫流率などと同様に，設計のための慣用値として作成されたものである．なお，こうした慣用値を作成する場合，ガラスの入射角特性は無視されている．透過率などに対しては，入射角が60°のときの数値が一律に用いられている．

3.5.3　不透明外皮の日射侵入率

ところで，外皮がガラスのような透明体ではなく，壁のような不透明体であっても，日射侵入率はゼロにはならない．もちろん，このような材質においては，透過成分 p はゼロである．しかし，吸収後，室内に侵入する成分 a_1 は存在するのである．この成分は，図3-16に示すように，室内外とも同じ温度(任意でよいが，0℃とする)という条件の下で，J という日射が入射したときに室内側で発生する貫流熱に他ならない．このような不透明な外皮の場合の日射侵入率を η_W とし，今，η_W を求めてみる．

上記において，単位面積当たりの貫流熱は，式 (3.1) と式 (3.2) などより，$q_T = T_S/(R-R_O)$ で評価されるから，日射侵入率は式 (3.19) に従うと，

$$\eta_W = \frac{q_T}{J} = \frac{T_S}{(R-R_O)J} \tag{3.20}$$

となる．ただし，

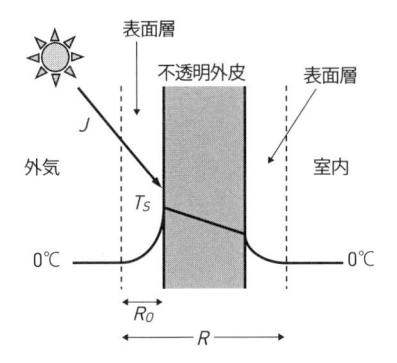

図3-16 ◆ 不透明な外皮における日射の入射と日射熱の侵入

$T_S=$外表面温度

$R=$不透明外皮の熱貫流抵抗

$R_O=$外気側表面の熱伝達抵抗

である.一方,外表面での熱収支を考えれば,

$$aJ = \frac{T_S}{R_O} + \frac{T_S}{R-R_O} \qquad (3.21)$$

が成立する.ただし,

$a=$不透明外皮の外表面の日射吸収率

である.式 (3.21) を変形すると,

$$T_S = \frac{aJR_O(R-R_O)}{R}$$

が得られるので,それを式 (3.20) に代入すれば,

$$\eta_W = \frac{aR_O}{R} \qquad (3.22)$$

が得られる.

さらに,多くの外装材料において,$a \fallingdotseq 0.8$ で近似できることを勘案し,かつ,$R_O=0.04 \ \mathrm{m^2 \cdot K/W}$(表3-3より)と,$1/R=U$(外皮の実質熱貫流率)であることを式 (3.22) に代入すれば,

$$\eta_W \fallingdotseq 0.032 U \tag{3.23}$$

となる．つまり，不透明外皮の日射侵入率は，おおよそ，その実質熱貫流率の値で決まってしまうことがわかる．

3.6 内部発熱

内部発熱とは，在室者や照明器具などの，室内に存在する発熱体から発生する熱のことである．したがって，これを精度良く推定するためには，在室者の人数や在室時間，機器の発熱量と使用時間などを知らねばならない．これらのデータは，もちろん，厳密には建物や室によって異なる．コンピュータシミュレーションなどでは，これらを時刻別に精緻に入力している．

しかしながら，ここではもう少し大雑把に考え，年間平均の床面積当たりの発熱量でもって表現することにする．このような発熱量(顕熱のみ)を G [W/m^2] とすれば，G については以下のような数値が慣用的に用いられている．

① 住宅 (4人家族程度)：$G = 4 \sim 5$ W/m^2
② 事務所　　　　　　：$G = 10 \sim 12$ W/m^2

なお，瞬間的な最大値は，これよりかなり大きい．たとえば事務所などでは，最大値は人体で $10 \sim 15$ W/m^2，照明やOA機器で $20 \sim 30$ W/m^2 とされている．

これらの内部発熱も厳密には，対流で室内空気に伝達される成分と放射で周壁等に放散される成分に分離される．しかし，ここではこれらについても単純化するために，分離せずに一括して扱うことにする．

3.7 蓄熱

　蓄熱については，ここではごく簡単に述べる．また，壁体の蓄熱性を考慮した伝熱計算については，第7章で簡単に紹介する．

　物質には熱を蓄える性質があり，時間当たりの蓄熱量q_C [W] は，

$$q_C = \frac{CM\Delta T}{\Delta t} \tag{3.24}$$

で表される．ここで，

　C = 物質の比熱 [J/(kg・K)]
　M = 物質の重量 [kg]
　Δt = 時間間隔 [s]
　ΔT = Δt の間に生じた温度差 [K]

である．CM は熱容量 [J/K] と称されており，蓄熱量の重要な因子になっている．今，物質の密度をρ [kg/m³]，体積をB [m³] とすれば，熱容量は$C\rho B$とも書ける．であるから，体積Bが同じであれば，$C\rho$ [J/(m³・K)] の大きな材料が熱容量も大きくなり，蓄熱体（あるいは熱搬送媒体）として優れた材料であるといえる．$C\rho$は容積比熱と呼ばれ，主な建築材料に関する値が表3-1に掲載されている．この表からわかるように，水，金属，コンクリートなどが，蓄熱体として優れている．

3.8 潜熱

　これまでの記述はすべて顕熱に関するものであったが，伝熱の問題においてもう1つの重要な要素として潜熱がある．建築伝熱において重要となる潜熱は水分の凝縮や蒸発に伴って発生する潜熱（凝縮熱と蒸発熱）である．たとえば，空調機やエアコンの除湿や壁体結露においては，水蒸気が液水に相変化するので，凝縮熱が放出される．また，屋根面などで雨水が蒸発すれば，周囲から蒸発熱を奪うことになる．しかし，通常の伝熱計算においては，空調の除湿・加

湿の場合を除いて，潜熱は無視されている．

　潜熱の効果を定式化するためには，建築内外の水分の移動と収支について考察することが先決となる．つまり，どこでどのくらい潜熱が発生するかということを知るには，凝縮や蒸発がどこでどのくらい発生するかを先に知らねばならない．それゆえ，湿気や水分移動について定式化し解析しなければならないが，それについては第6章において述べる．

参考文献

1) CFDによる建築・都市の環境設計工学，村上周三，東京大学出版会，2000．
2) 建築計画原論Ⅱ，渡辺要編，丸善，1965．

第4章 定常伝熱モデルと住宅の省エネルギー基準

4.1 目的と意義

　第3章において，建築における伝熱要素の各項目が定式化されたので，それらをとりまとめれば，暖冷房のない場合の室温（自然室温）に関する計算モデルができあがる．ここでは，その計算モデルを作成し，自然室温に大きな影響を与える建物の熱性能指標を理論的に導出する．これらの熱性能指標は，冬暖かく夏涼しい建築を設計するためのパラメータとして用いることができる．我々は，こうした指標を使って，断熱や日射遮蔽の性能をどこまで高めればよいのか，検討することができるのである．それゆえ，日本の住宅の省エネルギー基準においても，これらの指標に対して判断基準値が提示され，その基準値を上回る熱性能が求められている．

4.2 定常伝熱モデルと自然室温

　第3章で定式化した各伝熱要素の計算式を用いて，建物全体の伝熱モデルを作ってみる．通常の状況では結露や水蒸気の蒸発の影響は小さいと考えてよいので，室温計算のための一般的なモデルにおいては，潜熱は無視される．一方，蓄熱の影響は大きいので一般的には無視することは適切ではない．しかし，ある期間（1日とか1ヵ月とか）の平均的な状況を想定すれば，これを無視できる場合もあるので，この章では問題を単純化し，蓄熱も無視してモデルを構

築してみる．このような蓄熱を考えないモデルは，定常伝熱モデル（以下「定常モデル」という）と呼ばれ，最も簡単な室温計算モデルである．なお，「定常」という言葉を用いているが，これは室温や熱量が時間変化しないということを意味してはいない．室温や熱量は時間変化してもよいが，瞬間瞬間で式 (4.1)（後述する）のような蓄熱の項を無視した熱収支式が成立するという意味である．したがって，「瞬時定常伝熱モデル」という方が正確であるが，ややくどいので単に「定常モデル」と言うことにする．

　上記の仮定と想定に従い，まず暖冷房を行わない場合の定常モデルを作ってみよう．想定する建物は，内部の空気がよく混合されており，室温を1つで表してよければ，建物の規模は問題にならない．現実には大きなビルでそのような状況は考えにくいので，小さな戸建住宅か小屋のようなものを想定するとイメージしやすい．建物に関わる伝熱要素は，第3章に従えば，以下の4項目であり，それらの計算式も以下のようになる．

①貫流熱は式 (3.1) より，

$$q_T = UA(T_O - T_R)$$

②換気に伴う輸送熱は式 (3.16) より，

$$q_V = 0.35V(T_O - T_R)$$

③日射取得熱は式 (3.18) より，

$$q_S = \eta JA$$

④内部発熱は，Sを延床面積 [m^2] とすると，

$$q_G = GS$$

となる．ここで，貫流熱と日射取得熱については，外皮が外壁，窓，屋根など多種類の部位から構成されることを考慮しなければならない．また，日射量は方位によって大きな差があることも考慮しなければならない（第5章で詳述する）．そこで，部位の種類に関するサフィックスをj，方位に関するそれをkとして，建物全体における熱収支（熱のバランスであり，室内で取得する熱を正に取る）

図4-1 ◆ 室の熱収支

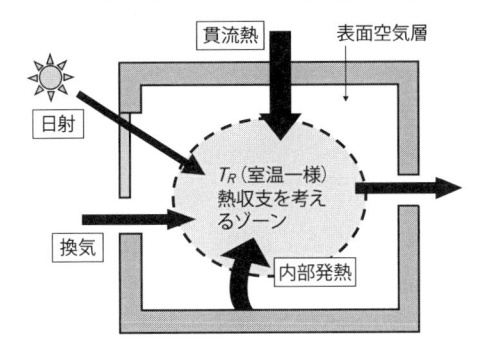

を考えると，式 (4.1) が成立する．ただし，室温は建物全体で1つの室温 T_R が与えられ，内部発熱や換気量も建物全体で1つの数値が定まるものとする（これを単室の仮定という．図4-1を参照）．

$$\sum_k \sum_j q_{Tjk} + \sum_k \sum_j q_{Sjk} + GS + q_V = 0 \tag{4.1}$$

ここで，j は $1, 2, \cdots, n_k$（n_k は k という方位における部位の総数），k は $1, 2, \cdots, m$（m は方位の総数）である．

式 (4.1) の各項を，上に示した計算式を用いてさらに書き下せば，

$$\sum_k \sum_j U_{jk} A_{jk}(T_O - T_R) + 0.35 V(T_O - T_R) + \sum_k \sum_j \eta_{jk} A_{jk} J_k + GS = 0 \tag{4.2}$$

となる．上式を T_R について解くと，

$$T_R = T_O + \Delta T \tag{4.3}$$

となる．ただし，

$$\Delta T = \frac{\sum_k \sum_j \eta_{jk} A_{jk} J_k + GS}{\sum_k \sum_j U_{jk} A_{jk} + 0.35 V} \tag{4.4}$$

である．これが，定常モデルにおいて暖冷房を行わない場合の室温（自然室温という）を表す式である．

式 (4.4) を見てわかるように，この式の右辺の各変数は正の値しか取らないので，ΔT も常に正である．したがって，式 (4.3) からわかるように，室温 T_R は，外気温 T_0 より常に ΔT だけ高いことになる．これは我々が日常経験する室温変動の現実とはやや異なる．現実の室温では，夜や朝は確かに外気温より高いが，日中は低い場合が多い．この原因はもちろん定常モデルということで，蓄熱を無視したことにある．しかし，だからといって，定常モデルから得られる結果は無用かというと，そうではない．前述したように，蓄熱がほぼ無視できる日平均や月平均の室温であれば，十分高い予測精度を有するのである．もちろんその場合，外気温や日射量などの時間変動する変数に対しては，面倒でもその期間の平均値を適用しなければ，予測精度は低下してしまう．

4.3 熱損失係数と日射取得係数

熱収支式 (式 (4.2)) の特徴を勘案して，建物の熱特性を表す指標を，式 (4.5) および式 (4.6) のように定義する．ここで，L は熱損失係数 [W/(m²·K)]，μ は日射取得係数 [無次元] と呼ばれ，共に建物に関する重要な熱性能指標である．

$$L = \frac{\sum_k \sum_j U_{jk} A_{jk} + 0.35V}{S} \tag{4.5}$$

$$\mu = \frac{\sum_k \sum_j \eta_{jk} A_{jk} \nu_k}{S} \tag{4.6}$$

ただし，ν_k はその面の方位 k によって定められる係数 (方位係数と呼ばれる) であり，

$$\nu_k = \frac{J_k}{J_H} \tag{4.7}$$

である．なお，J_H は水平面全天日射量 [W/m²] (第 5 章を参照) である．

次に，式 (4.2) を S で除して，その式に式 (4.5) と式 (4.6) を代入すると，

図4-2 ◆ 熱損失係数の概念と定義

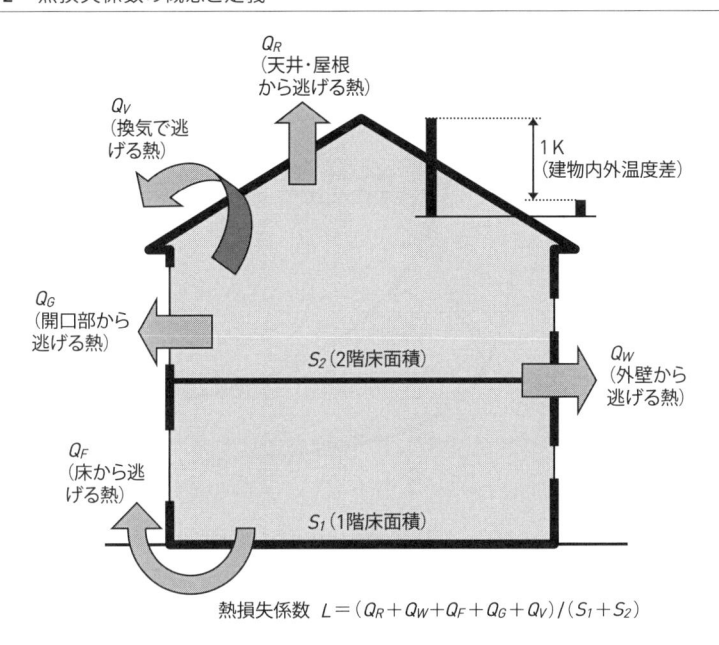

Q_R（天井・屋根から逃げる熱）
Q_V（換気で逃げる熱）
1 K（建物内外温度差）
Q_G（開口部から逃げる熱）
S_2（2階床面積）
Q_W（外壁から逃げる熱）
Q_F（床から逃げる熱）
S_1（1階床面積）

熱損失係数 $L = (Q_R + Q_W + Q_F + Q_G + Q_V)/(S_1 + S_2)$

$$L(T_O - T_R) + \mu J_H + G = 0 \tag{4.8}$$

が得られる．また，式 (4.4) は，L と μ を用いれば，

$$\Delta T = \frac{\mu J_H + G}{L} \tag{4.9}$$

と表される．

L は，室内外温度差が 1 K ($T_O - T_R = 1$ K) のときの建物からの熱損失量を床面積で除した数値であり，建物の保温性を表す指標である（図4-2を参照）．L が小さければ小さいほど，建物からの損失熱である LS ($T_R - T_O$) が少なくなるので，その建物の保温性は良いことになる．また，式 (4.9) において右辺の分子が一定であれば，ΔT（温度上昇）は L に反比例することがわかる．よって L が小さければ小さいほど，ΔT は大きくなり，少量の日射量や内部発熱でも室温は外気温より高まる（図4-3を参照）．なお，式 (4.5) においては，総和記号は必ずしも二重に必要でないので，L は通常，

図4-3 ◆ 室内外温度差と熱損失係数との関係

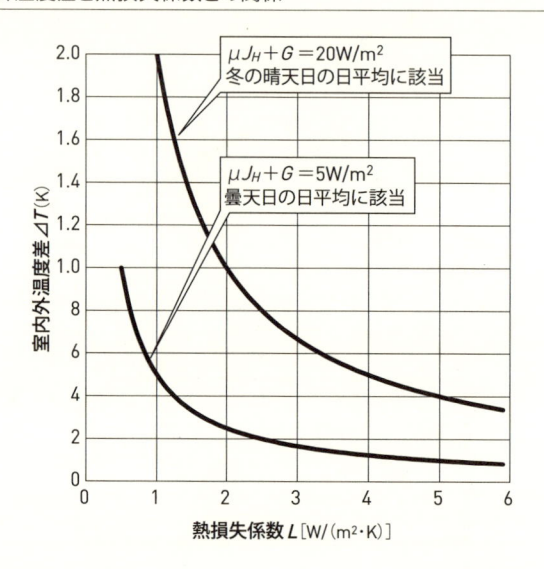

(グラフ: 横軸 熱損失係数 L [W/(m²·K)], 縦軸 室内外温度差 ΔT (K))

- $\mu J_H + G = 20\text{W/m}^2$ 冬の晴天日の日平均に該当
- $\mu J_H + G = 5\text{W/m}^2$ 曇天日の日平均に該当

図4-4 ◆ 日射取得係数の概念と定義

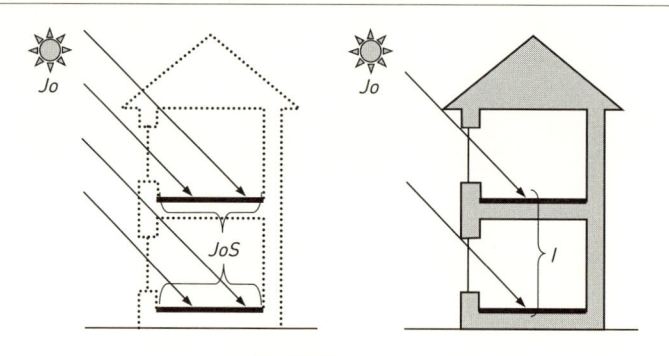

日射取得係数 $\mu = I/(JoS)$

$$L = \frac{\sum_i U_i A_i + 0.35V}{S} \qquad (4.10)$$

と表記される．ただし，$i = 1, 2, \cdots, N$ であり，$N = \sum_{k=1}^{m} n_k$ である．

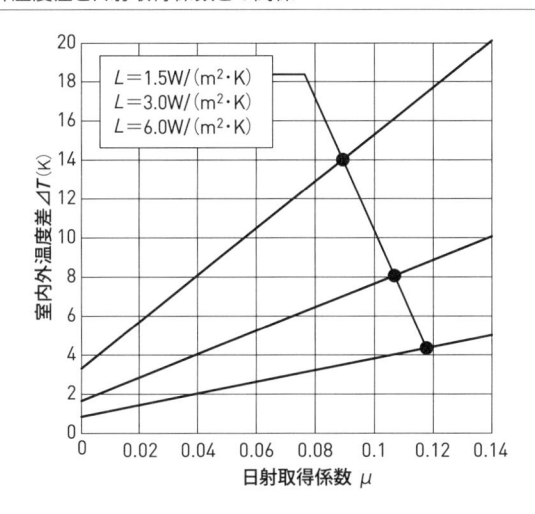

図4-5 ◆ 室内外温度差と日射取得係数との関係

[図: 横軸 日射取得係数 μ (0〜0.14)、縦軸 室内外温度差 ΔT (K) (0〜20)、$L=1.5, 3.0, 6.0\,W/(m^2\cdot K)$ の3直線]

　μ は，建物による日射遮蔽がまったく存在しないと考えたときに，延床面積が取得する日射量に対する実際の建物の内部で取得される日射量の比であり，日射熱に対する建物の透過性能(あるいは取得性能)を表す指標である(図4-4を参照)．μ が大きいほど日射熱を取得しやすい建物であり，反対に μ が小さいほど日射遮蔽性が良い建物である．式(4.9)からわかるように，L, J_H, G が一定であれば，ΔT は μ と直線関係になる(図4-5参照)．

　μ を計算するためには，式(4.7)で定義される方位係数 ν_k の数値を与えなければならない．しかし，ν_k を計算するときの J_k と J_H の与え方によっては，μ の意味するところも異なってくる．つまり，ある一瞬の時点における J_k と J_H を与えれば，μ はその時点における日射取得性能を表すが，ある長期間における平均値でもって J_k と J_H を与えれば，μ はその期間内における平均的な日射取得性能を表すことになる．後述するが，住宅の省エネルギー基準においては，μ を冷房期間における建物の日射遮蔽性能(遮熱性と言ってもよい)を表す指標として用いる目的から，J_k と J_H に対しては夏期(6〜9月)の平均値を与えて，ν_k を算定している．

4.4 暖冷房と熱負荷

室内に暖冷房等の熱供給があると，室温は当然，自然室温とは異なることになる．暖冷房には目標とすべき温度 (室温) があり，それを我々は暖冷房の設計室温 (表2-3参照) と呼んでいる．しかし，実際には暖冷房時の室温は室温制御システムの精度にかなり依存するので，室温が常に設計室温に維持されているとは限らない．そんな現実があるものの，仮に室温を設計室温に維持できたと仮定したときに，要求される熱量が熱負荷 (暖房負荷または冷房負荷) である．

今，暖房していると考え，暖房負荷をQ_H [W] とおく．Q_Hを求めるには，式 (4.2) の左辺にQ_Hを加え，それをQ_Hについて解けばよい．すなわち，

$$Q_H = \left(\sum_k \sum_j U_{jk} A_{jk} + 0.35V\right)(T_R - T_O) - \sum_k \sum_j \eta_{jk} A_{jk} J_k - GS \tag{4.11}$$

であり，これをLとμを用いて書けば，

$$Q_H = \left\{L(T_R - T_O) - \mu J_H - G\right\} S \tag{4.12}$$

となる．ただし，ここで，T_Rは同じ室温でも，暖房の設計室温である．

冷房の場合も上と同様であり，Q_Cを冷房負荷 [W] (冷房によって取り去る熱量を正とする) すると，式 (4.2) の左辺に$-Q_C$を加えて，Q_Cについて解けば，冷房負荷が求まる．すなわち，

$$Q_C = \left(\sum_k \sum_j U_{jk} A_{jk} + 0.35V\right)(T_O - T_R) + \sum_k \sum_j \eta_{jk} A_{jk} J_k + GS \tag{4.13}$$

であり，Lとμを用いれば，

$$Q_C = \left\{L(T_O - T_R) + \mu J_H + G\right\} S \tag{4.14}$$

となる．

以上は，定常状態において室温のことだけを考えた (室内湿度については何も考えない) 熱負荷 (「顕熱負荷」という) であったが，暖冷房の熱負荷には，実は以下のようにいろいろな分類方法と名称がある．

①熱の正負で分類

　暖房負荷 vs 冷房負荷，温熱負荷 vs 冷熱負荷，供給熱量 vs 除去熱量

②温度であるか湿度であるかによって分類

　顕熱負荷（温度を維持するための負荷）vs 潜熱負荷（絶対湿度を維持するための負荷）

③負荷項目で分類

　貫流負荷／外気（換気）負荷／日射負荷／内部負荷／蓄熱負荷

④積算期間で分類

　年間負荷／期間負荷／月別負荷／日別負荷／時間負荷／瞬時負荷／最大負荷

　当然のことであるが，上記の熱負荷は暖冷房と密接に関係する．たとえば，瞬時負荷の年間最大値である最大負荷は，暖冷房設備の容量（規模）を決定する際に，最も考慮しなければならない指標である．また，年間負荷や期間負荷は1年間に消費する暖冷房エネルギーに直接関係するので，省エネルギーの評価においては基本的で重要な指標になる．たとえば，業務用建築の省エネルギー基準においては，以下に示すPAL（年間熱負荷係数[MJ/m²]）という指標に対して判断基準値が設けられている．なお，基準値など，基準の詳細[1]は省略する．

$$PAL = \frac{\text{ペリメーター空間の年間熱負荷[MJ]}}{\text{ペリメーター空間の床面積[m}^2\text{]}}$$

ここで，ペリメーターとは，建物における外周空間のことであり，そのような空間は外皮が存在するためにそれを通して外気温や日射などの外界気象の影響を強く受ける．また，次節で述べるが，住宅用の省エネルギー基準においても，床面積当たりの年間暖冷房負荷に対して省エネのための判断基準値が設けられている．

4.5 住宅の省エネルギー基準

4.5.1 背景と変遷

4.4節で示した熱損失係数と日射取得係数という指標は建物外皮の熱性能を示す良い指標であるので,日本政府の住宅用の省エネルギー基準においてはこれらを用いて省エネルギー性能の判断を行っている.つまり,外皮の熱性能を高めれば,暖冷房負荷が少なくなるので,暖冷房用のエネルギー消費を減少させられる.それゆえ,この基準では外皮の熱性能に対して基準値を設け,建築主にこの基準値を上回る熱性能を要請している.

住宅用の省エネ基準は,1970年代に発生した二度のオイルショックを契機として,1980年にはじめて告示された.制定された背景には,もちろん日本がエネルギー資源の大半を輸入に頼らざるをえないという状況があったのであり,1979年に「エネルギーの使用の合理化に関する法律」(いわゆる「省エネ法」)が制定され,その法律に基づく具体的施策の1つとしてこの基準が告示されたのである.その後,1992年と1999年にこの基準は大改定され,基準値のレベルも高められた.

1999年に改定された基準[2]は,京都議定書の締約事項(2012年までに温室効果ガスの排出を1990年レベルに比べ6％削減する)を実現するために制定されたものである.この基準は,通称「次世代省エネルギー基準」(以下,「次世代基準」と略す)と称されており,地球温暖化防止や省エネルギーばかりでなく,21世紀の住宅のあり方を意識して,快適性(室内温度差の解消,通風による自然な快適感),健康性(ヒートショックの解消,室内空気汚染やカビ・ダニの防止),耐久性(結露防止)などに対しても十分配慮されている.省エネルギーというと,従前は窓や開口部を小さくするということで,建築デザイナーからは敬遠された一面もあったが,次世代基準では,採光や通風という窓や開口部の役割を十分勘案して基準が策定されており,窓面積を十分大きく取っても達成できるような基準値が提示されている.省エネ基準がどのように改定され,強化されてきたか,その変遷を表4-1に示す.

表4-1 ◆ 住宅の省エネルギー基準の内容と変遷

性能表示制度の等級	等級2[*1]						等級3						等級4					
基準名	1980年 (旧基準)						1992年 (新基準)						1999年 (次世代基準)					
項目＼地域	I	II	III	IV	V	VI	I	II	III	IV	V	VI	I	II	III	IV	V	VI
1.年間暖冷房負荷 [MJ/(m²·年)]の基準値(戸建用)[*2]	840	1030	1030	1030	1100	1100	470	610	680	800	610	560	390	390	460	460	350	290
2.熱損失係数 [W/(m²·K)]の基準値(戸建用)[*2]	2.8	4	4.7	5.2	8.3	8.3	1.8	2.7	3.3	4.2	4.6	8.1	1.6	1.9	2.4	2.7	2.7	3.7
3.相当隙間面積 [cm²/m²]の基準値[*2]	設計施工指針で気密性に言及						5[*3]	5[*3]	―	―	―	―	2[*3]	2[*3]	5[*3]	5[*3]	5[*3]	5[*3]
4.夏期日射取得係数[無次元]の基準値[*2]	設計施工指針で庇に言及						―	―	0.1	0.1	0.1	0.08	0.08	0.08	0.07	0.07	0.07	0.06
5.地域区分	都道府県単位で区分						1980年基準と同じ						市町村単位で区分					

*1 等級1は等級2に達しないもの．
*2 当該指標が基準値以下であれば，基準値を満足すると見なされる．
*3 2009年度より相当隙間面積の基準値は省エネルギー基準から除外された．

　また，このような過去・現在の省エネ基準は，2000年から施行された政府の住宅性能表示制度の等級としても利用されている（表4-1参照）．さらに，次世代基準が示す断熱レベルは今後展開されるであろう低炭素社会のための施策においても，標準的なレベルとしてさまざまなところで引用されたり，参照されたりするものと予想される．住宅も含めて建築関係の省エネルギー基準は，建築基準法などとは異なり，基準に違反した場合，特に処罰されるような規定が設けられていない（2011年現在）．しかし，低炭素社会を実現するためには，誰もが断熱レベルの高い住宅を建設する必要があり，この基準を遍く国民に浸透させることが重要な課題となっている．

　本書では，室内熱環境の形成において重要な性能指標と見なされる3つの指標（熱損失係数，相当隙間面積，夏期日射取得係数）について，指標の意味や基準値の意義について解説した．

4.5.2　地域区分と暖房デグリーデー

　3つの指標を解説する前に，省エネ基準で用いられている地域区分について触れておく．実際の建物におけるエネルギー消費や熱環境は，外界の気候条件に大きく左右されるので，省エネ基準においては基準値を地域別に示している．地域別に基準値を提示するためには，地域区分を行わねばならない．図4-6は，住宅の省エネ基準の中で用いられている地域区分図であり，市町村を最小単位にして全国を6地域に区分している．区分の際に根拠とした指標は，暖房デグリーデー（度日）D_H (18, 18) である．暖房デグリーデーがこのための指標として採用された理由は，日本の住宅では冷房より暖房に多くのエネルギーを消費していること，および，暖房デグリーデーが年間の暖房負荷と強い

図4-6 ◆ 住宅の省エネルギー基準における地域区分と暖房デグリーデー

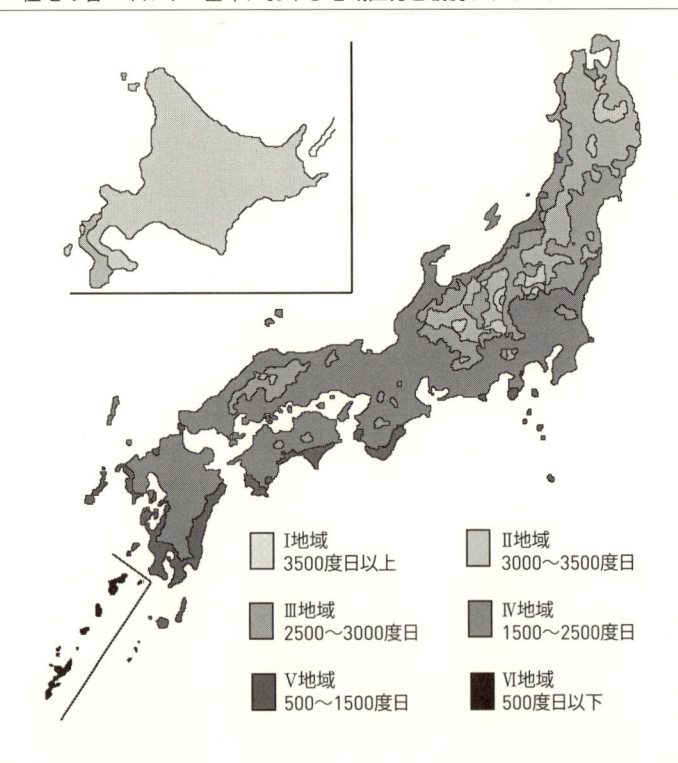

- I地域　3500度日以上
- II地域　3000〜3500度日
- III地域　2500〜3000度日
- IV地域　1500〜2500度日
- V地域　500〜1500度日
- VI地域　500度日以下

相関を持っていることが挙げられる．

D_H (18, 18) は，以下のようにして導かれる．今，式 (4.12) において，T_R は暖房の設計室温であり，一定であるとする．また，T_O は日平均外気温，さらに，$J_H = G = 0$，とする．この条件で，この式を，$T_O < T_{Oref}$ が満たされる日（すなわち，日平均外気温が暖房開始気温 T_{Oref} より低く，暖房が必要と見なせる日）すべてに対して，1年間にわたり積算する．すると，

$$QY_H = LS \cdot D_H(T_R, T_O) \tag{4.15}$$

が得られる．ここで，QY_H は年間暖房負荷であり，さらに，

$$D_H(T_R, T_{Oref}) = \sum_m (T_R - T_{Om}) \tag{4.16}$$

である．m は日を表すサフィックスであり，Σ は $T_{Om} < T_{Oref}$ という条件が満たされる日についてのみ行う．式 (4.16) において，$T_R = T_{Oref} = 18°C$ とおいたものが，D_H (18, 18) に他ならない．結局，日射と内部発熱を無視すれば，式 (4.15) から，QY_H は L と $D_H(T_R, T_O)$ に完全に比例することがわかる．また，日射や内部発熱が存在しても，L と $D_H(T_R, T_O)$ は QY_H と高い相関を持つであろうから，両者は QY_H の良い指標になることが予想できる．なお，上の導出において，より計算精度を高めるために，式 (4.12) において J_H と G を 0 とせずに年間の積算をする計算法もある．これは拡張デグリーデー法[3]と呼ばれており，4.4節で紹介したPALの計算などに用いられている．

4.5.3　熱損失係数(保温性の指標)

上述のように，熱損失係数 L は年間暖房負荷 QY_H (暖房期間のみ暖房するのが常識であるから，期間暖房負荷と言い換えてもよい) の良い指標として期待できる．事実，コンピュータシミュレーションによって，両者の関係を明らかにしたものが図4-7である．したがって，L をある一定値 (この一定値を基準値という) 以下にするような基準を設けておけば，暖房負荷，ひいては暖房エネルギーを規制するための基準として使用できる．

また，4.4節で述べたように，L が小さい建物は保温性がよい建物というこ

図 4-7 ◆ 期間暖房負荷と熱損失係数との関係

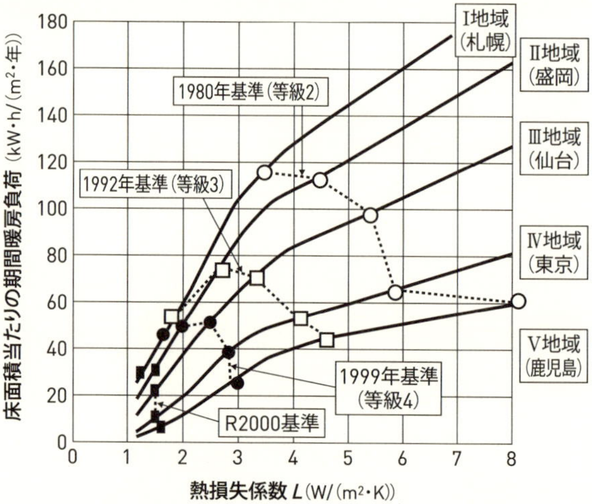

床面積当たりの期間暖房負荷（kW・h/（m2・年））
熱損失係数 L（W/（m2・K））
Ⅰ地域（札幌）
Ⅱ地域（盛岡）
Ⅲ地域（仙台）
Ⅳ地域（東京）
Ⅴ地域（鹿児島）
1980年基準（等級2）
1992年基準（等級3）
1999年基準（等級4）
R2000基準

注：R2000基準とは，カナダのR2000住宅の基準を日本に持ち込み，日本に合うように調整した基準.

図 4-8 ◆ 住宅において断熱すべき部位

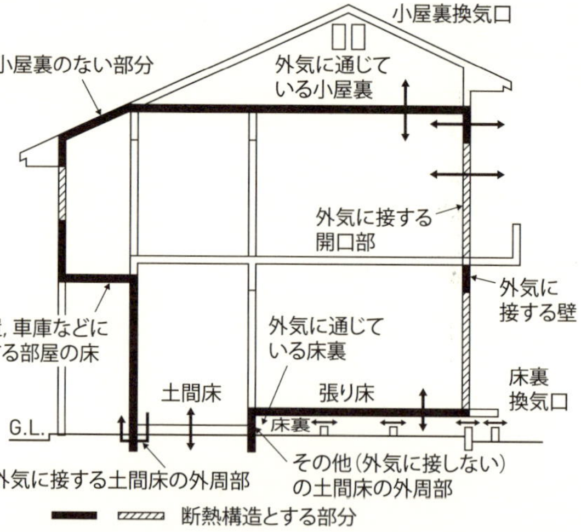

小屋裏換気口
小屋裏のない部分
外気に通じている小屋裏
外気に接する開口部
外気に接する壁
物置，車庫などに接する部屋の床
外気に通じている床裏
土間床
張り床
床裏換気口
G.L.
床裏
外気に接する土間床の外周部
その他（外気に接しない）の土間床の外周部
断熱構造とする部分

表4-2 ◆ 熱損失係数の計算で使用する換気回数

建物の気密性相当隙間面積	代表的な工法	換気回数 n [回/h]
5 cm²/m² 以下	気密住宅 RC造	0.5*
5〜10 cm²/m²	組積造 工業化住宅 枠組壁工法	0.7
10 cm²/m² 以上	気密化されていない在来木造	1.0

＊機械換気設備が作動すると考え，0.5回/hを使用する．

図4-9 ◆ 住宅の断熱基準に関する国際比較(各国の断熱基準等から算出される熱損失係数を比較した図)

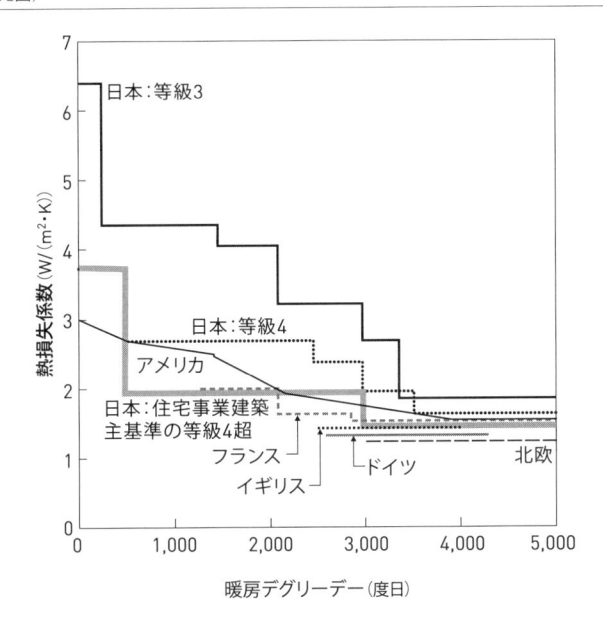

とになるので，暖房をしなくても良好な温度環境（高くて均一な室温）が得られることになる．Lを小さくするためには，外皮を包むように断熱するとよい（図4-8参照）．さらに，外皮を気密にして隙間風による漏気熱損失を減じることも必要である．しかし，化学物質汚染やシックハウスが発生しない良好な室内空気環境を保持するためには，換気量は常に適正量確保される必要がある．建築

基準法ではこうした必要最小限の換気量を必ず確保するように，基準を定めている．住宅の場合，この基準は換気回数 n で概ね0.5回/h以上となっている．したがって，L の計算においても，この基準を下回る換気量は認められない．式 (4.10) を用いて L を計算する場合，隙間風や漏気も存在するので，換気量 V をどのような数値にするかということは，はっきりとは答えにくい．しかし，省エネ基準においては，L を計算するために，表4-2に示すように，建物の構造や気密仕様に応じて換気回数の数値を選択する取り決めになっている．

次世代基準における L の基準値については，表4-1に示されているが (ただし，省エネ基準の中では L の代わりに，Q という記号が用いられている)，L は寒冷地ほど小さな基準値が設定されている．これは，寒冷な気候ほど暖房負荷に対する L の効果が大きくなることを考慮して，基準値を定めているからである．また，こうした建物の断熱性に対して基準を設け，断熱化を促進させる政策は世界の先進諸国においては共通することである．図4-9は，各国の断熱基準を L に換算して比較したものであり，先進諸国は寒冷地に位置することもあるが，住宅や建物の断熱性については日本より高いレベルを要求していることがわかる．

4.5.4　相当隙間面積(気密性の指標)と木造住宅

外皮の気密性は，相当隙間面積 (厳密には「延床面積当たりの相当隙間面積」だが，ここでは「延床面積当たりの」は略す) という指標で表示することが可能である．この指標は，概念としては，建物外皮の隙間を全部集めて面積で表し，それを延床面積で除した数値に近いものである．この数値が小さければ小さいほど，外皮は隙間が少なく，気密性が高いことを示している．相当隙間面積は，建築図面などの設計図書などから推計することは困難である．しかし，送風機と風速計，圧力計などから構成される気密性測定装置 (市販品もある) を使用すれば，戸建住宅の場合2，3時間で現場測定することが可能である．なお，この測定装置の測定原理については，他の文献[4]を参照されたい．

外皮の気密性を高めれば，以下の4つの効果が予想される (表4-3を参照)．

表4-3 ◆ 気密化による4つの効果

気密性の効果	気密性が低い場合	気密性が高い場合
1 漏気による熱負荷を削減		
2 断熱材の断熱効果を補完		
3 繊維系断熱材では防湿も兼ねる		
4 計画換気の前提条件の1つ		

①漏気による熱損失を減らして，暖冷房の効果を向上させる．

②気密化によって外気が壁体内部に入り込むことを防止し，「壁体内気流」（後述する）を抑制して断熱材の断熱効果を高める．

③室内側を気密化すれば，室内の湿気の壁体内部への侵入を防ぎ，壁体内結露（第6章の6.2節を参照）を防止する．

④外皮が気密化されれば，換気経路における不安定な漏気や気流のショートカットが抑制され，安定した換気が実現される．

　日本の温暖な地域では，建物の断熱の歴史が浅いので，木造住宅における気密化の効果やその必要性については認識が低かった．現在でも木造軸組工法の建物の断熱工事において，なぜ気密化工事も必要になるのか，その理由が正しく認識されているとは言いがたい．多くの人は，上記の①についてだけは理解できるので，壁やサッシの，目に見える隙間を塞げば，気密性については問題がないと考えている．しかし，これだけでは気密化の効果を十分理解したことにはならない．とくに，木造軸組工法で建てた建物においては，気密化は②の効果をもたらすことを認識すべきである．②における「壁体内気流」とは，外気が壁体内部に入り込むことによって生じる壁体内部の空気の流れのことである（6.3.3参照）．この空気の流れは，暖房による上昇気流の効果も加わるために冬に強まり，外壁の内部に充填されている断熱材の断熱効果を半減させてしまう．さらに，壁の中で発生するので人目につかず，多くの人はこの気流によって断熱効果が半減していることに気がつかない．

　木造住宅の壁体内気流を防止するにはいくつかの方法がある．たとえば，寒冷地などでは従前からポリエチレンシートなどの気密シートが壁体の内側（内装材の外気側）や部位の取り合い部に使用されてきた．気密シートは防湿性も有しているので，気密シートを貼り付けることによって，外皮は気密性と③に示す防湿性を併せて具備することになる．また，通気性のないプラスチック系の断熱材を軸部の外気側から隙間なく貼りつければ，断熱性と気密性さらに防湿性も一挙に確保することができる．この工法は「外張り断熱工法」と呼ばれ，日本では木造住宅における代表的な断熱工法の1つになっている．さらに，より気密性を高めるためには，気密性の高いサッシを用いたり，壁体を貫通する配管，配線等に対してその周囲を気密処理したりすることが必要である．なお，コンクリート造の場合には，コンクリートが密実で隙間がなければ，表4-2に示すように，建物としても気密性は高いのが普通である．

　ところで，最近の木造軸組工法は，阪神大震災以来，改良が見られ，かなりの建物が耐震性を高めるために剛床工法（頑丈な床を先に造り，その床の上に壁を造

る工法)を採用したり，枠組壁工法のように構造用合板を多用したりするようになった．そうした工法改良のために壁体や床の気密性が高まり，自然に壁体内気流が減少している．また，省エネ基準の中で気流止め(壁体内気流を防止するために壁内に挿入する，木材や気密性が高い断熱材で作った簡単な部材)の取付けを推奨したりしていることもあって，木造軸組工法の建物はとくに気密化のための措置を施さなくても，気密性は高くなっている．

　住宅の省エネ基準においては，気密性の重要性が認識された当初は外皮の気密性に対して相当隙間面積でもって基準値を定めていた(表4-1を参照)．しかし，上述のように，木造軸組工法の建物においても気密性が向上してきたことを背景として，2009年度よりその基準値は省エネ基準からは除外された．ただし，これは気密性が不要になったということではない．工法の変化や気密性に対する意識の向上によって，基準を設けなくても気密性が担保されるようになったということである．

4.5.5　日射取得係数(遮熱性の指標)

　4.3節に示したように，日射取得係数は方位係数 ν の計算期間の与え方によって，係数の利用目的に応じたさまざまなものが定義できる．省エネ基準の各地域ごとの冷房期間(夏期)の日射量を使用して ν を求め，それを用いて定義した日射取得係数を μ_C (夏期日射取得係数)と呼ぶ．この μ_C は，夏に建物の中に侵入する日射量の多寡を表す指標となるので，期間冷房負荷と高い相関を持つ(図4-10参照)．そこで，この μ_C に基準値を設け，各建物の μ_C がこの基準値以下になるように要求すれば，冷房における省エネルギーを促進することができる．これが，夏期日射取得係数に関する省エネルギー基準であり，その基準値は表4-1にすでに示されている．また，μ_C の計算に必要な ν (夏期方位係数)の数値を表4-4に示す．

　μ_C が小さいほど夏期に日射熱が室内に侵入しないということになるので，μ_C は建物の日射遮蔽性能を表していると言える．省エネ基準では，冷房期間が長い南の地域ほど，μ_C の基準値が小さくなっている．次世代基準では，冷房がほとんど必要ないと思われるⅠ地域とⅡ地域でも μ_C の基準値が設けられ

図4-10 ◆ 期間冷房負荷と夏期日射取得係数との関係

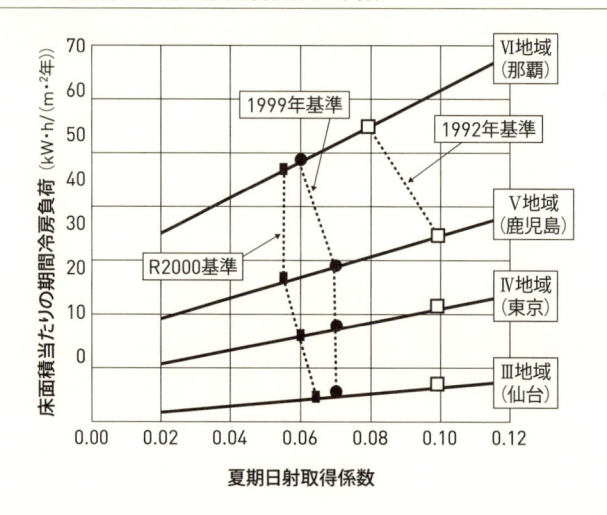

表4-4 ◆ 夏期日射取得係数の計算において用いる方位係数(夏期方位係数)

方位＼地域	I	II	III	IV	V	VI
東・西	0.47	0.46	0.45	0.45	0.44	0.43
南	0.47	0.44	0.41	0.39	0.36	0.34
南東・南西	0.50	0.48	0.46	0.45	0.43	0.42
北	0.27	0.27	0.25	0.24	0.23	0.20
北東・北西	0.36	0.36	0.35	0.34	0.34	0.32
水平面*	1					
床面	0					

＊屋根や天井がこれに該当する．これらの面が傾斜している場合は，部位面積は水平投影面積を使用する．

ているが，これは省エネルギーというより，夏期の防暑性を勘案した結果である．建物のμ_Cを小さくするためには，①屋根か天井を十分断熱する，②東西面などに不必要な大きな窓を造らない，③大きな窓には庇，ブラインド等の日除けを設ける，などを実施すればよい．

一方，暖房期間(冬期)において求めたνを使って日射取得係数を算出すれば，その日射取得係数(冬期日射取得係数とよばれ，μ_Hと書く)は，期間暖房負荷と

表4-5 ◆ 冬期日射取得係数の計算において用いる方位係数(冬期方位係数)

方位＼地域の区分	I	II	III	IV	V
東・西	0.50	0.49	0.49	0.48	0.48
南	0.80	0.75	0.75	0.82	0.89
南東・南西	0.70	0.67	0.67	0.70	0.74
北	0.25	0.26	0.26	0.23	0.23
北東・北西	0.31	0.33	0.33	0.28	0.27
水平面*	1				
床面	0				

＊表4-4に同じ．

正の相関をもつことが確かめられている．μ_Hは日射熱の取得性能を表す指標として用いることができるが，実際にはビルの影になる建物も多いので，μ_Hに対する基準値を設けることは適切ではない．しかし，日当たりの良い敷地であれば，μ_Hの数値も勘案して，設計を行うべきである．ここでは参考までに，μ_Hを計算する際に使用するν(冬期方位係数)の値を表4-5に示しておく．

参考文献

1) 建築物の省エネルギー基準の解説，(財)建築環境・省エネルギー機構，2002．
2) 住宅の省エネルギー基準の解説，(財)建築環境・省エネルギー機構，2002．
3) 新建築学大系/10/環境物理，彰国社，1984．
4) 建築環境学1，木村建一編，丸善，1992．

第5章 日射と太陽エネルギーの利用

5.1　目的と意義

　日射が室温に与える影響の重要性については，第3章と第4章で解説し，日射取得係数という建物指標についても示した．しかし，日射そのものの性質や表現方法についてはそこでは触れなかった．一口に日射といっても，太陽から直接地上に到達する日射（直達日射）と空気分子によって散乱したのち地上に到達する日射（天空日射）とでは性質が異なるし，時間変化が激しいなど，その挙動は決して単純なものではない．また，外界放射ということでは，日射以外にも大気放射や夜間放射と呼ばれる長波放射が建築環境に影響を与える．ここでは，これらの外界放射の性質と表現方法について示す．さらに，建築における太陽エネルギーの利用という観点から，ソーラーハウスとZEB（ネットゼロエネルギー建築）について紹介する．

5.2　日射と太陽位置

5.2.1　放射とスペクトル

　物質は温度に応じた放射（電磁波）のエネルギーを放出する．建築伝熱工学の立場から考慮しなければならない放射は，図5-1に示すように，太陽からの放射（短波放射）と，大気や地物からの放射（長波放射）である．前者は，日射（太

図5-1 ◆ 電磁波の波長と種類，および，黒体放射のスペクトル

電磁波の波長と種類

黒体放射のスペクトル

$$I_{\lambda,b} = \frac{2C_1}{\lambda^5 \{\exp(C_2/\lambda T) - 1\}}$$

黒体単色放射強度：
$C_1 = 0.59548 \times 10^{-16}$ (W・m^2)
$C_2 = 1.43879 \times 10^{-2}$ (m・K)

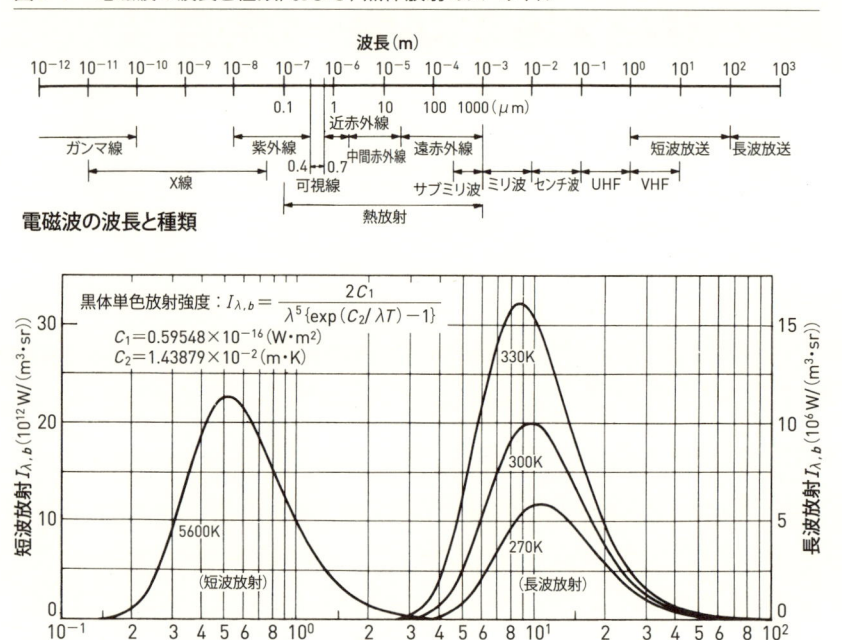

出典：『建築設計資料集成・環境』（丸善，1978）

図5-2 ◆ 大気外および地上における直達日射のスペクトル

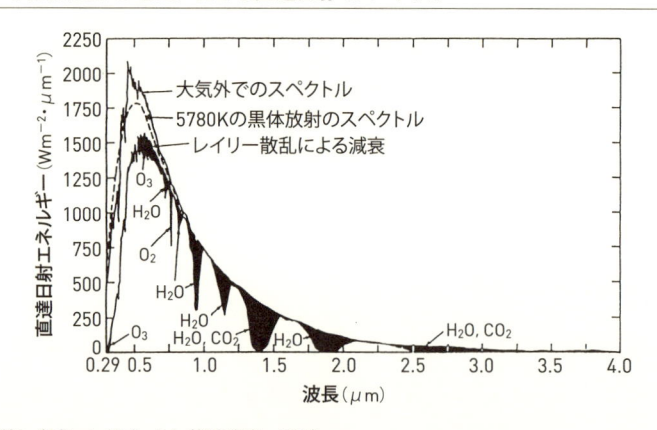

- 大気外でのスペクトル
- 5780Kの黒体放射のスペクトル
- レイリー散乱による減衰

出典：『新版・気象ハンドブック』（朝倉書店，1995）

陽放射と言ってもよい）と称され，5600〜6000 Kという超高温の黒体に近い天体から放出される放射である．したがって，そのスペクトルは，図5-2に示すように，可視域（波長0.38〜0.68 μm）に山（エネルギーの多い波長域）があるが，赤外域にもかなりのエネルギーが存在する．これらの全波長域に含まれるエネルギーを熱量で表したものが太陽熱である．一方，長波放射の方は270〜330 Kの常温の物体から放出される放射であるので，そのエネルギーピークは日射に比べればかなり長い波長域に位置する（図5-1参照）．したがって，両者は，建築伝熱モデルにおいては分離・独立して扱われる．

　地球の大気圏外に到達する太陽エネルギーの総量は，入射方向に垂直な単位面積当たり，年平均で1353 W/m²であり，この数値は太陽定数といわれている．太陽定数は，季節によって太陽と地球間の距離が変化するため，年平均値に対して±3％程度変化する．日射は地球の大気に到達すると，大気や水蒸気，さらには雲による反射，吸収，散乱を受けたのち，地上に到達する（図5-2参照）．その結果，地上に到達する日射は太陽定数より減少する．

5.2.2　太陽位置

　地上から見た場合の太陽位置の表し方や計算方法については，建築光環境の分野で十分に解説されているので，詳細はその分野の文献[1]に譲り，本書ではその結果を使うことから始める．これらの文献に従い，天空上の太陽位置は太陽高度 h [°] と太陽方位角 A [°] を用いて表す（図5-3参照）．太陽方位角は，真南を0°として，西側を＋，東側を－で表す．太陽高度と太陽方位角は，その地点の緯度 ϕ [°]，その日の太陽赤緯（日赤緯）δ [°]，および，時角 t [°] を用いれば，以下のように表せる．

$$\sin h = \sin \phi \sin \delta + \cos \phi \cos \delta \cos t \qquad (5.1)$$

$$\cot A = \sin \phi \cot t - \cos \phi \tan \delta \operatorname{cosec} t \qquad (5.2)$$

また，時角は，真太陽時 T [時] を用いれば，

$$t = \frac{360(T-12)}{24} \qquad (5.3)$$

図5-3 ◆ 天球上における太陽位置の表し方

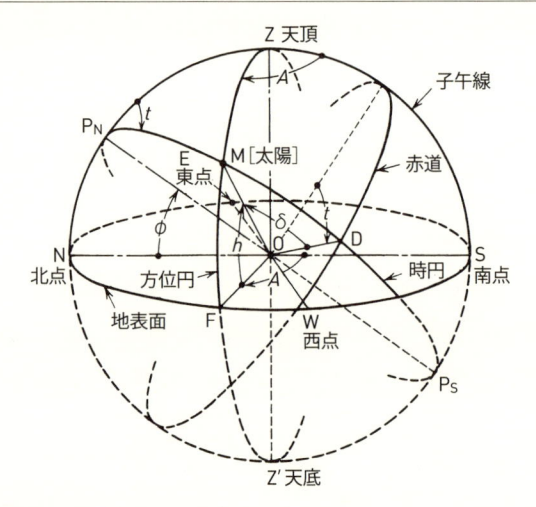

出典:『建築設計資料集成・環境』(丸善, 1978)

図5-4 ◆ 太陽赤緯の年変化

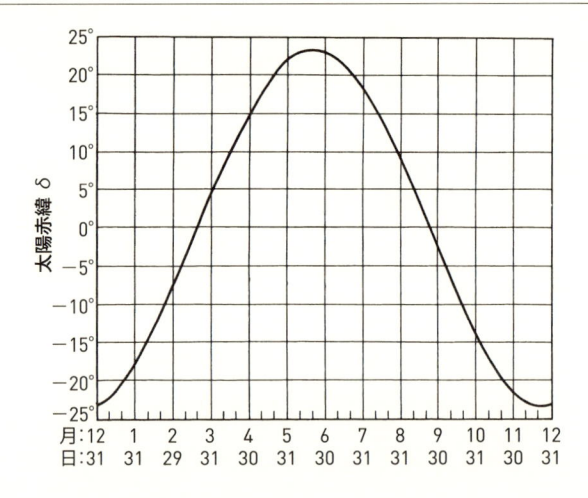

図5-5 ◆ 均時差の年変化

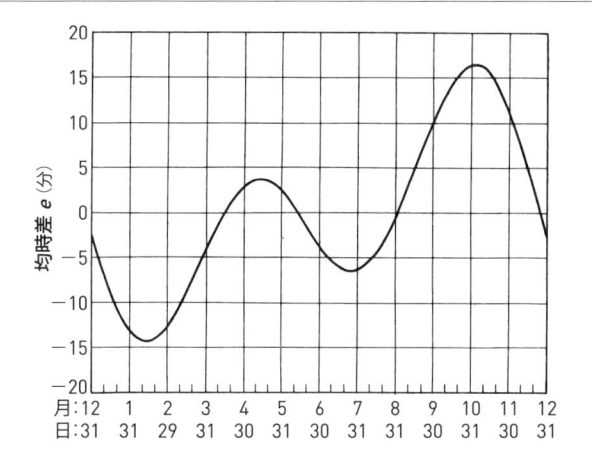

である．真太陽時 T は，太陽の位置に基づき定めた時刻であり（太陽南中時を12時とする），日本の場合，中央標準時 T_m [時] を用いれば，

$$T = T_m + \frac{24(L-135)}{360} + \frac{e}{60} \tag{5.4}$$

となる．ただし，$L=$ 経度 [°E]，$e=$ 均時差 [分] である．均時差とは，真太陽時と平均太陽時（真太陽時を年間平均して定めた太陽時）の差のことである．日赤緯 δ と均時差 e は，月日を与えれば近似的に次式で定まる量であり，両者の1年間の変動を図5-4と図5-5に示す．

$$\begin{aligned}\delta &\fallingdotseq 0.362 - 23.3\cos(\omega+8.8) - 0.337\cos(2\omega+11.9) \\ &\quad - 0.185\cos(3\omega+35.5)\end{aligned} \tag{5.5}$$

$$\begin{aligned}e &\fallingdotseq -0.0167 + 7.37\cos(\omega+85.8) - 9.93\cos(2\omega-72.3) \\ &\quad - 0.321\cos(3\omega-66.3)\end{aligned} \tag{5.6}$$

ここで，$\omega = 360N/366$ [°] であり，N は1月1日を1日目としたときの当該月日の通算日数である．

以上により，緯度を固定すれば，指定した月日における h と A の関係を，T

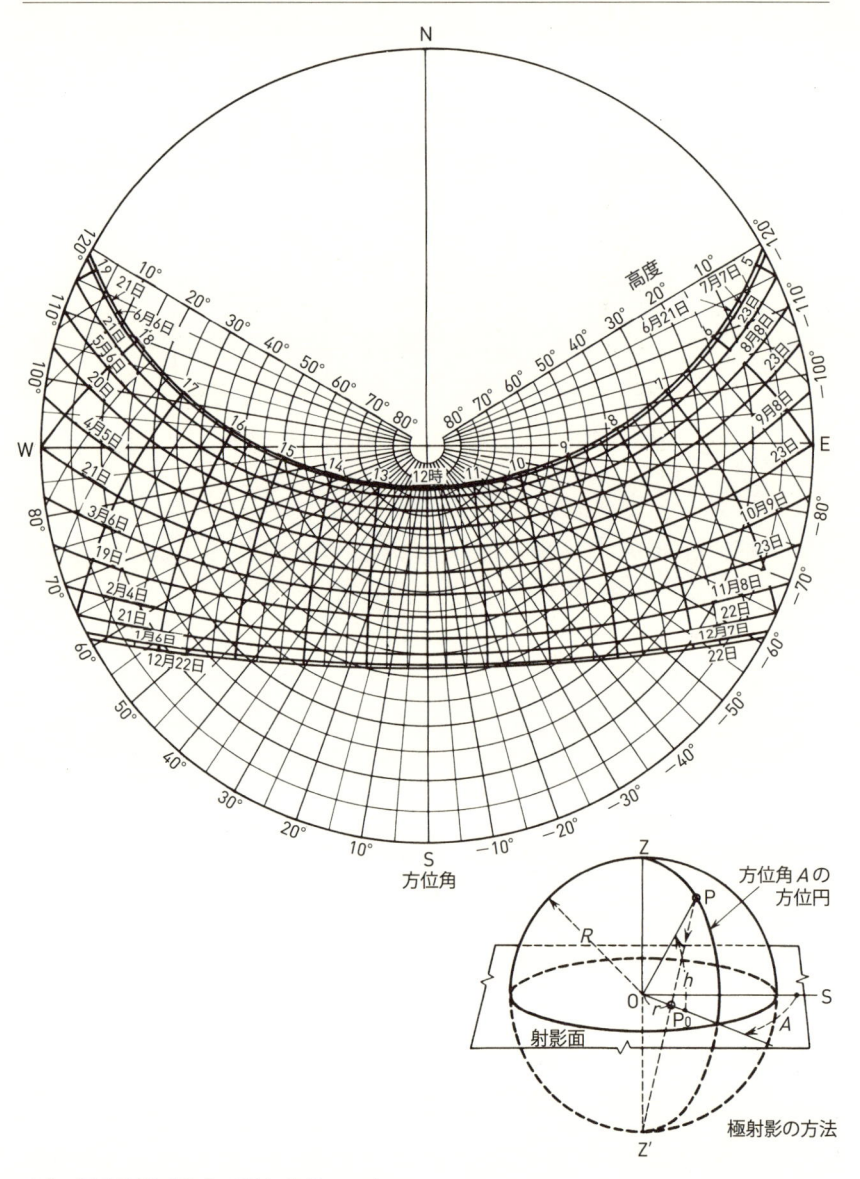

図5-6 ◆ 極射影法による年間の太陽位置図(北緯35°のケース)

出典:『建築設計資料集成・環境』(丸善, 1978)

をパラメータとして式 (5.1) 〜式 (5.3) から計算することができる．代表的ないくつかの月日に対して，この関係を計算し，1枚の図に天空上の太陽の軌跡として示したものは太陽位置図と称される．太陽位置図は，天空上の点を平面上に射影するときの仕方によって，いくつかの種類に分かれるが，極射影といわれる射影方法を用いたときの太陽位置図 (緯度は北緯35°) を図5-6に示す．

5.3　建築壁面と外界放射量

5.3.1　地上における日射量

(a) 直達日射と天空日射

　地上における日射は，直達日射と天空日射に分離しておくと，建築物に入射する日射量が計算しやすくなる (図5-7参照)．直達日射とは，大気分子や大気中の水蒸気，水滴 (雲) 等によって散乱・反射されることなく，太陽表面から直接地上に到達する日射のことである．一方，散乱・反射の後，地上に到達する日射は天空日射と呼ばれる．

　大気には水蒸気をはじめとして雲や塵埃などさまざまな物質が含まれており，かつ，それらの量は刻々変化するので，太陽定数を用いて地上に到達する日射量を理論的に与えることはなかなか難しい．しかし，大気の清浄度が高ければ (大気が澄んだ晴天のとき)，以下の理論直達日射量および理論天空日射量は

図5-7 ◆ 直達日射と天空日射

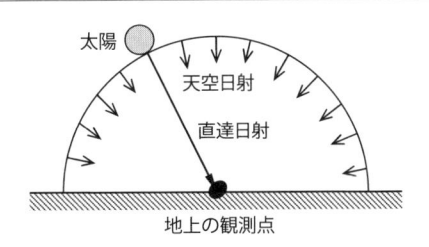

実測値とよく一致することが知られている．

$$J_{DN} = J_0 P^{\operatorname{cosec} h} \tag{5.7}$$

$$J_{SH} = \frac{J_0(1-P^{\operatorname{cosec} h})\sin h}{2(1-1.4\ln P)} \tag{5.8}$$

ここで，

J_{DN} ＝法線面直達日射量 [W/m²]

J_{SH} ＝水平面天空日射量 [W/m²]

J_0 ＝太陽定数 [W/m²]

P ＝大気透過率 [無次元]

h ＝太陽高度 [°]

であり，サフィックスの $_D$ は直達 (direct) を，$_S$ は天空 (sky) を，$_N$ は法線面 (normal) を，$_H$ は水平面 (horizontal) をそれぞれ意味している．式 (5.7) はブーゲ (Bouguer) の式，式 (5.8) はベルラーゲ (Berlage) の式と称されている．大気透過率 P は日射が天頂方向から入射する場合の大気の透過率であり，大気の清浄度を表している．大気は非常に清浄なときでも，水蒸気などを多少含むため，日射エネルギーは吸収・散乱され，P は 0.8 程度が最大となる．また，空が厚い曇に覆われていれば，$P=0$ となり，直達日射も 0 となる．

直達日射と天空日射の合計は全天日射と呼ばれ，水平面全天日射量 J_H は次式で表される．

$$J_H = J_{DN}\sin h + J_{SH} \tag{5.9}$$

J_H は，地上で日射計を水平面に設置して計測したときに測定される日射量であり，最も基本となる日射量である．図 5-8 は日本全国の水平面全天日射量の日積算値を示しており，実際に測定した値をもとにして作図されている．

(b) ブーゲの式の導き方

式 (5.7) で与えられるブーゲの式の導出について説明する．図 5-9 に示すように，直達日射の入射方向に沿って厚さ dx の大気を考え，その前後で dJ だけ吸収等によって日射量が減じられるとする．dJ は大気の消散係数を a とすると，

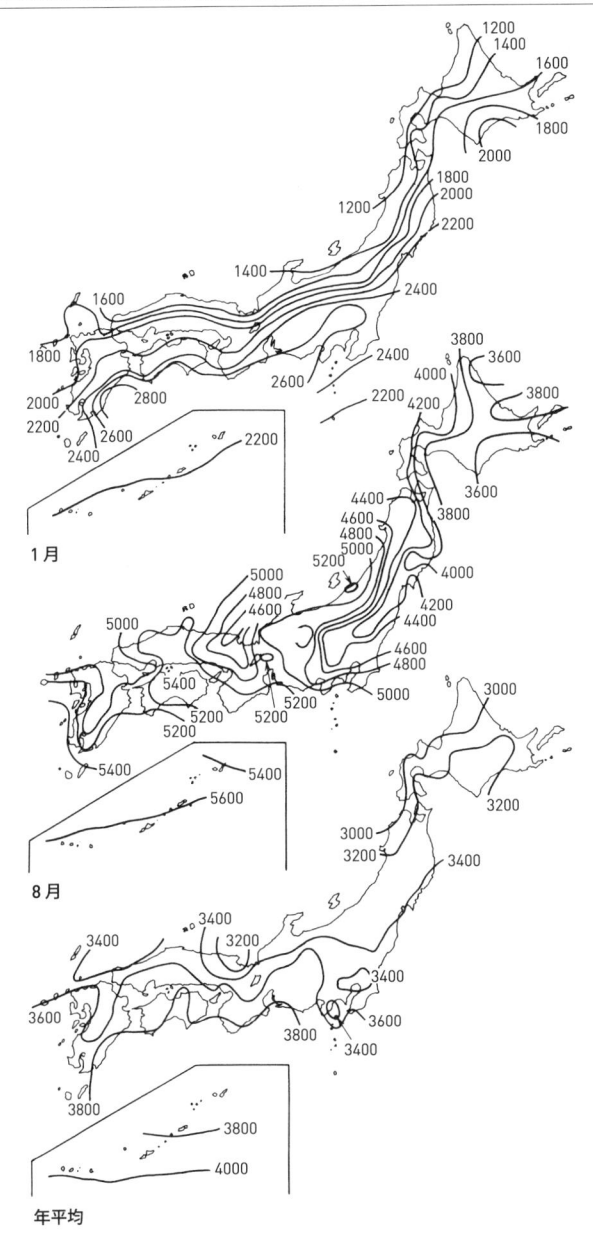

図5-8 ◆ 日本における月平均水平面全天日射量の分布(1941〜1970年の平均, 単位 W·h/(m²·日))

1月

8月

年平均

出典:『建築設計資料集成・環境』(丸善, 1978)

図5-9 ◆ 大気を通過する直達日射の減衰

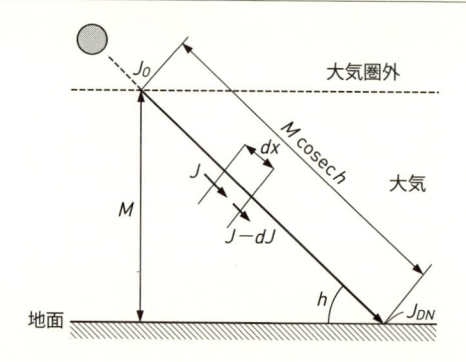

dx と次のような関係がある．

$$dJ = -aJdx \tag{5.10}$$

大気層の厚さを M〔m〕とし，式 (5.10) を，大気圏外から地上まで積分すると，

$$\int_{J_0}^{J_{DN}} J^{-1} dJ = -\int_0^{M\cosec h} a\,dx \tag{5.11}$$

だから，積分を実行すれば，

$$J_{DN} = J_0\, e^{-aM\cosec h} \tag{5.12}$$

が得られる．太陽が天頂に位置するときの J_{DN}/J_0 が P であるから，$h = 90°$ を式 (5.12) に代入すれば，

$$P = e^{-aM} \tag{5.13}$$

が得られる．式 (5.13) を式 (5.12) に代入すれば，ブーゲの式である式 (5.7) が得られる．

(c) 天空日射の予測式

ベルラーゲの式の導出方法については非常に難しいので，本書では行わないが，この式の意味するところを考えてみる．式 (5.8) の分子は，大気圏外にお

ける日射量から直達日射を差し引いた日射量（水平面における）である．つまり，この分子は直達日射としては地上には到達しない日射量を表している．であるから，分母の逆数は，このような直達としては到達しない成分のうち天空日射として地上に到達する部分の比率を示すことになる．したがって，$2(1-1.4 \ln P)$ の逆数を計算すれば，このような比率がわかる．P を $0.6 \sim 0.8$ とすれば，このような比率は，だいたい 0.3 程度である．

ところで，ベルラーゲの式から得られる天空日射は大気透過率が小さくなる（大気の清浄度が低くなる）ほど実際とはかけ離れた値になることがわかっている．そのため大気透過率が小さくても精度が落ちない実用的な天空日射の予測式がいくつか提案されている[2]．以下はその1つであり，永田の式と呼ばれている．

$$J_{SH} = J_0(1-P^{\operatorname{cosec} h})\sin h(0.66-0.32\sin h)\{0.5+(0.4-0.3P)\sin h\} \quad (5.14)$$

(d) 日射の直散分離

天空日射の予測式が確定すれば，水平面全天日射 J_H を測定するだけで，式(5.9)から時々刻々の大気透過率 P が得られる（P は複雑な方程式の根として得られる）．P が求まれば，さらに式(5.7)などから法線面直達日射 J_{DN} と水平面天空日射 J_{SH} が求まる．このように，水平面全天日射を直達日射と天空日射の2つの成分に分離することを日射の直散分離という．直達日射と天空日射が与えられれば，次項に示すように，建築の任意面における日射量を計算することができる．したがって，直散分離の方法さえ定まっていれば，水平面全天日射量だけの測定によって，建築の任意の面に入射する日射量を推計することができるのである．

5.3.2　建築壁面における日射量

直達日射と天空日射が与えられれば，任意の方位角と傾斜角を有する建築の外表面に入射する全天日射量 J_A [W/m^2] を算出できる．つまり，

$$J_A = J_{DN} \cos i + J_{SH} F \tag{5.15}$$

である．ただし，

　$i=$外壁面に対する直達日射の入射角［°］

　$F=$外壁面から天空を見たときの形態係数［無次元］

である．なお，式(5.15)には，地表面などで反射して壁面に到達する日射（反射日射）は含まれていない．

直達日射の入射角は，太陽位置（太陽高度 h と方位角 A）と外壁面の向きが与えられれば，次式で与えられる（図5-10を参照）．

図5-10 ◆ 任意の方向を向いた外壁面と直達日射の入射角 i

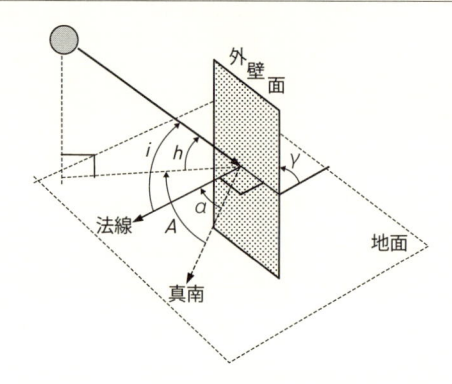

図5-11 ◆ 任意の方向を向いた外壁面から見た天空の形態係数 F

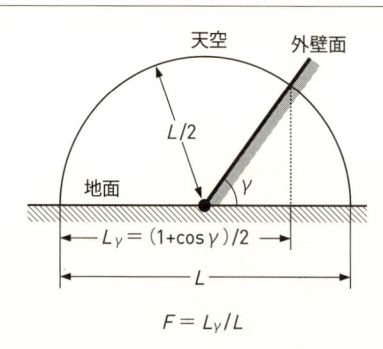

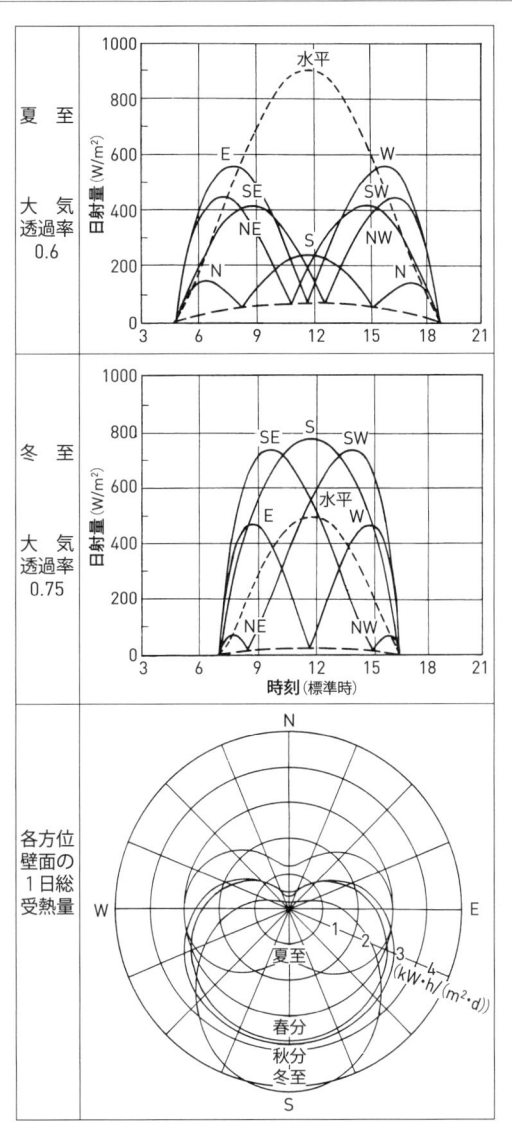

図 5-12 ◆ 理論式から計算した晴天日の壁面日射量（東京）

夏至
大気透過率 0.6

冬至
大気透過率 0.75

各方位壁面の1日総受熱量

出典：『建築環境工学教材・環境編』（日本建築学会, 1995）

$$\cos i = \sin h \cos \gamma + \sin\gamma \cos h \cos(A - \alpha) \qquad (5.16)$$

ここで,
 　γ＝外壁面の傾斜角 [°]
 　α＝外壁面の方位角 [°]
である．また，天空を見たときの形態係数 F は，

$$F = \frac{1+\cos \gamma}{2} \qquad (5.17)$$

で与えられる (図5-11を参照)．通常の建築外壁面では $\gamma = 90°$ であるから，$F = 0.5$ である．

　各方位の建築壁面において式 (5.15) を用いて計算した全天日射量の例を図5-12に示す．南面 (S) では，夏に日射量が少なく，冬に多くなることに注目されたい．また，夏には北面 (N) でも直達日射が存在することに注意されたい．

5.3.3　大気放射と夜間放射

　建築の外周部における放射授受をより厳密に扱うためには，日射だけではなく長波放射も考慮しなければならない．長波放射として考えるべき放射としては，上空の大気層からの放射 (大気放射) と，建物の外表面から天空に向かって放出される放射がある．なお，地表の地物と建物外表面間における放射授受は，第3章で示した外気側の放射熱伝達率の効果によって考慮されているので，ここで考慮する必要はない (図5-13参照)．

　大気放射は，大気中に含まれる気体分子 (主に水蒸気，オゾン，二酸化炭素) や雲，塵埃などから地表に向かって放出される放射であるが，それを理論的に定めることは大変難しい．しかし，晴天の場合には，ブラント (Brunt) の式と呼ばれる，以下のような半経験式が比較的精度のよい予測値を与える．

$$R_a = \sigma T_K^4 (a + b f^{1/2}) \qquad (5.18)$$

ただし，

図5-13 ◆ 建物周囲における各種長波放射の様相

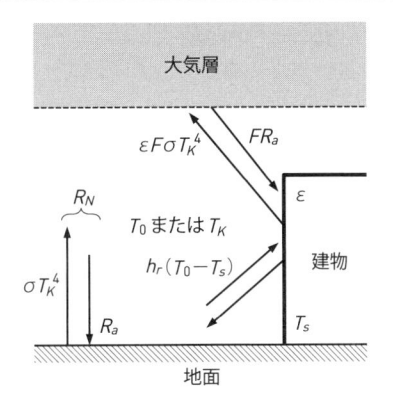

R_a＝水平面における大気放射 [W/m²]
$\sigma = 5.67 \times 10^{-8}$ W/(m²·K⁴)＝ステファン・ボルツマン定数
T_K＝地表付近の外気温（絶対温度）[K]
f＝地表付近の水蒸気圧 [hPa（ヘクトパスカル）]
$a = 0.52$＝経験定数
$b = 0.065$ hPa$^{-1/2}$＝経験定数

である．

もし，式 (5.18) などによって大気放射がわかれば，建物外表面と天空中の大気との間でやりとりされる正味の長波放射 R_b [W/m²] は，建物からの放出を正として，近似的に次式で表される．

$$R_b = \varepsilon F R_N \tag{5.19}$$

ただし，

$$R_N = \sigma T_K^4 - R_a, \tag{5.20}$$

ε＝建物外表面の長波吸収率

であり，F は式 (5.17) で与えられる天空の形態係数である．なお，建物の表面温度は地表付近の外気温 T_0 にほぼ等しいことが仮定されている．R_N は水平に置かれた黒体における長波放射授受の正味量を表しており，夜間放射（ある

いは「実効放射」と呼ばれている．夜間放射は，定義からわかるように夜間だけでなく昼間も存在する．また，式 (5.20) からわかるように，大気中の水蒸気量などが減って大気放射が小さくなれば，夜間放射は大きくなる．夜間放射は，冬の晴天日などには 150 W/m² にも達し，天空日射 (放射の向きは夜間放射と反対) と比肩する大きさになることもある．外気温が 0℃ 以上のときでも霜が降りるのは，この夜間放射が大きくなるからである．

5.3.4　放射の等価温度差と相当外気温

前項までで建築の外表面は，外気温ばかりでなく日射と大気放射という外乱の影響を常時受けていることがわかった．そこで，この 2 つの外乱を温度に換算してやれば，2 つの放射外乱は外気温と同様に扱うことができる．このように，温度に換算された放射を放射の等価温度差という．いま，外表面に入射する日射 J_A (式 (5.15) 参照) と夜間放射 R_N が与えられているとき，放射の等価温度差を ΔT_e [K] とすると，

$$\Delta T_e = \frac{aJ_A - \varepsilon F R_N}{h} \tag{5.21}$$

である．ここで，a は外表面の日射吸収率，h は外気側の表面総合熱伝達率である．この等価温度差に外気温を加えた温度が相当外気温 T_e [℃] と称される温度である．つまり，

$$T_e = T_O + \Delta T_e \tag{5.22}$$

である．

不透明な外皮における貫流熱を計算する場合，外気温の代わりに相当外気温を用いれば，外乱として，外気温ばかりでなく日射と夜間放射も考慮されたことになる．つまり，不透明外皮から室内へ侵入する日射量は，第 3 章で示したように日射侵入率を用いて計算してもよいし，このように等価温度差に換算して計算してもよい (ただし，長波放射は第 3 章では算入されていないが，式 (5.21) では算入されていることに注意)．なお，a と ε の値は建築外壁面の色や光沢と深い関係がある．参考までに，これらの代表的な数値を図 5-14 に示す．最近，冷房

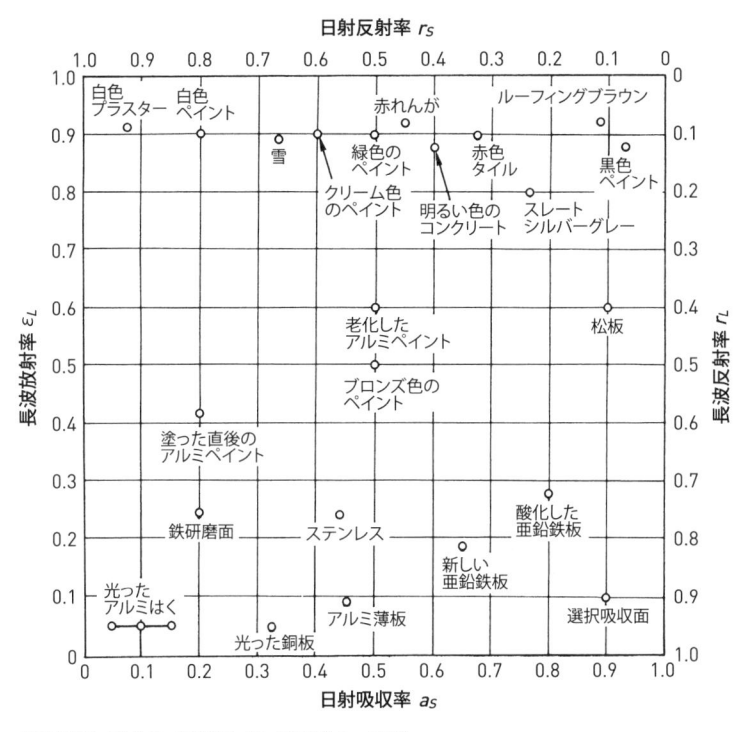

図 5-14 ◆ 各種の表面材料の日射吸収率と長波放射率

出典:『建築環境工学教材・環境編』(日本建築学会, 1995)

負荷削減などを目的として,日射吸収率をきわめて小さくした塗料(遮熱塗料)などを屋根に塗布することが見られるが,式 (5.21) から,これらの塗料の効果を推計することができよう.

5.4　太陽エネルギーの利用

5.4.1　ソーラーハウスと太陽熱利用

図 5-8 に示したように,日本の太平洋岸では暖房が必要な冬季に日射量が

図5-15 ◆ パッシブソーラーハウスにおける3つのタイプ

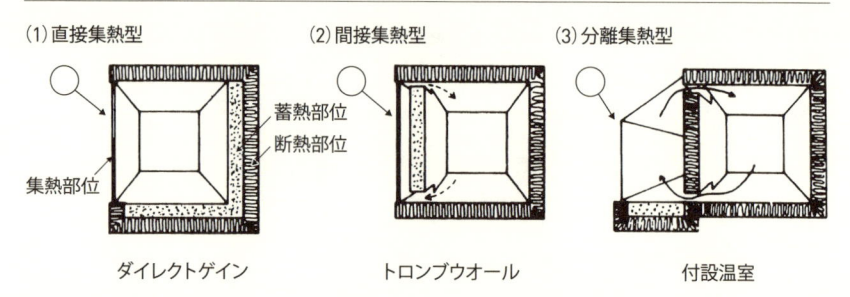

(1) 直接集熱型　　　　　(2) 間接集熱型　　　　　(3) 分離集熱型

　　　ダイレクトゲイン　　　　　トロンブウオール　　　　　付設温室

出典：『省エネルギーハンドブック'93』（建築環境・省エネルギー機構, 1993）

図5-16 ◆ 建物の熱容量の違いによる室温変化の違い（シミュレーション結果）

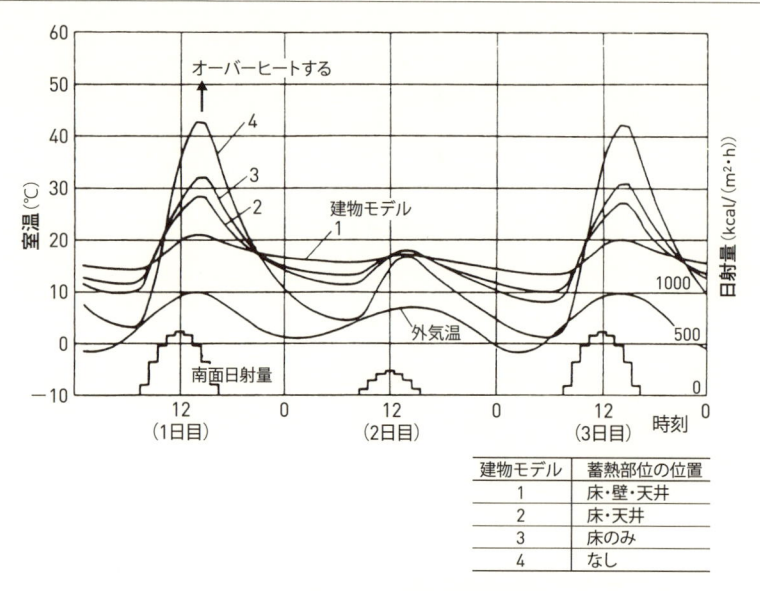

建物モデル	蓄熱部位の位置
1	床・壁・天井
2	床・天井
3	床のみ
4	なし

出典：『省エネルギーハンドブック'93』（建築環境・省エネルギー機構, 1993）

多いので，日射を積極的に暖房に利用しようという試みが多くなされている．このような建物はソーラーハウスと呼ばれている．もちろん，給湯や家電用電力など，暖房以外のエネルギー用途にも太陽エネルギーを利用しようという試みもたくさんあるが，建築的な工夫が要求される利用方法として興味深いのは暖房利用である．

　ソーラーハウスは，大雑把にいえば，パッシブソーラーハウスとアクティブソーラーハウスに分かれるが，両者にはいくつものバリエーションがある．パッシブソーラーの趣旨は，熱の搬送などにおいてできるだけ買電などに依存しないということである．ソーラーハウスは，①太陽熱を集める「集熱部位」，②集めた太陽熱を蓄える「蓄熱部位」，③蓄熱時の熱損失を少なくするための

図5-17 ◆ パッシブソーラーハウスにおける室温変動の特徴(実測結果)

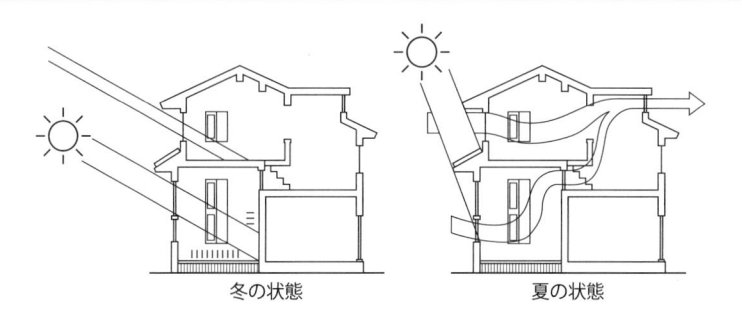

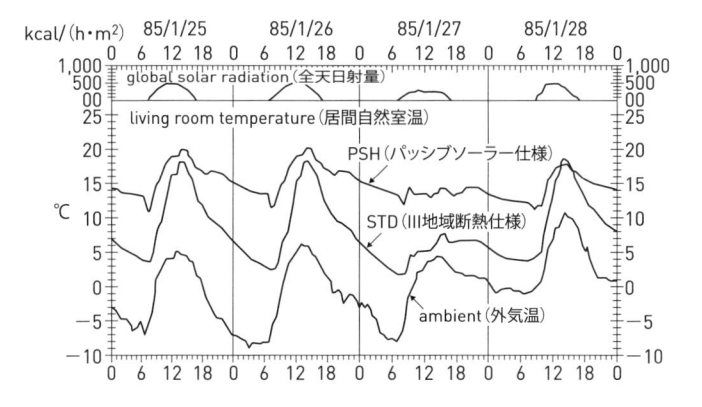

第5章 日射と太陽エネルギーの利用

図5-18 ◆ 空気集熱型のアクティブソーラーハウスの例

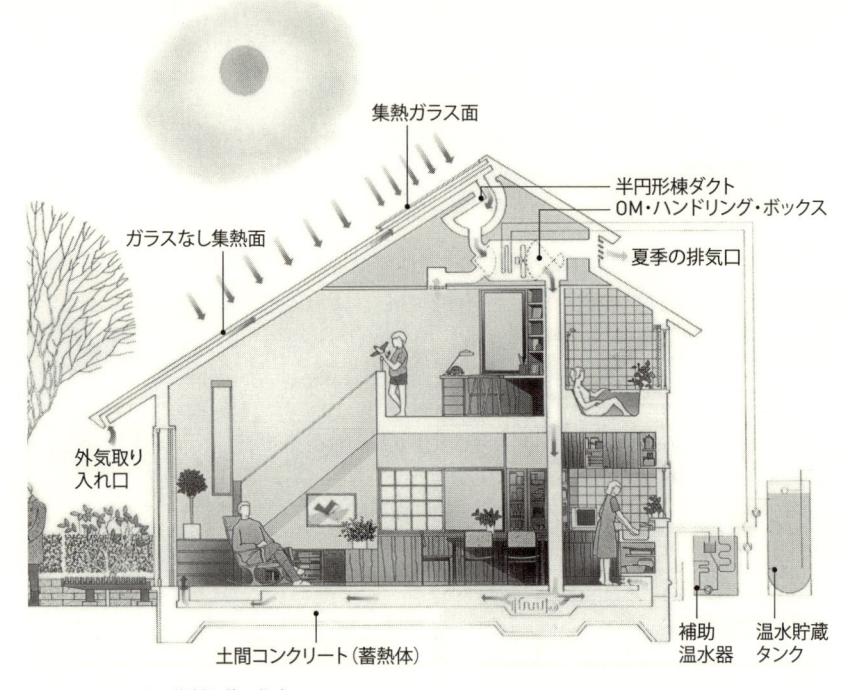

OMソーラーハウス資料を基に作成

「断熱部位」の3つの部位が不可欠になっている（図5-15を参照）．つまり，昼間の日射熱は蓄え，それを外気温が低下する夜間に利用しようというのが，ソーラーハウスのアイデアといえる．

　パッシブソーラーハウスには，図5-15に示すように，ダイレクトゲイン型，トロンブウオール型，付設温室型の3つのタイプがある．ダイレクトゲイン型における室温の時間変動をシミュレーションした結果を図5-16に示す．室の熱容量の大小（蓄熱部位の面積の大小）によって，室温変動の振幅が大きく異なることがわかる．熱容量が大きい建物モデル1では振幅が小さく（オーバーヒートがない），昼間の日射を十分に蓄熱する様子がうかがえる．実際のパッシブソーラーハウス（ダイレクトゲイン型）の事例と室温変動の様相を図5-17に示す．

アクティブソーラーハウスには，空気集熱型と水集熱型があり，太陽熱集熱器が屋根などに設置されている．熱の搬送媒体としては，比熱の大きい水の方が空気よりも優れているが，空気は多少の漏れがあってもシステムに支障をきたさないという特長があるので，住宅においては空気集熱型のソーラーハウスが多く見受けられる．図5-18に示すソーラーハウスは空気集熱型であるが，暖房が不要になる春から秋にかけては，集熱された太陽熱は給湯に利用される仕組みになっている．太陽熱集熱器は，太陽光発電に比べればエネルギー効率が2～4倍高く，設置コストも安いという特長がある．

5.4.2 太陽光発電とネットゼロエネルギー建築(ZEB)

太陽光発電については，厳密に言えば熱よりもエネルギーという大きな概念の中で語らねばならないので，本書の範囲から飛び出してしまう．しかし，太陽光発電は再生可能エネルギー（renewable energy）の活用方法としては世界的に評価が高く，建築においてもこれから普及していくものと予想されるので，本書でも少し触れておく．

太陽光発電は太陽電池によって発電が行われ，得られる電力は直流電力である．ゆえに，それを電力会社が供給する交流電力と共に使用したり，電力会社に売ったりするためには，直交流の変換や制御を行うパワーコンディショナーが必要になる．近年では，太陽電池パネル（太陽光発電パネル）とこのようなコンディショナーを一体化して，太陽光発電システムとして住宅に設置できるように販売されている．太陽電池は，太陽の可視光域の波長帯が有するエネルギーを電力に変換する装置（主に半導体で構成されている）であるが，実用化されている太陽電池の発電効率（日射エネルギーを電力エネルギーに変換する効率）はたかだか十数％であり，残念ながら高い数値とはいえない．さらに実際には，パワーコンディショナーによるエネルギー損失も考慮しなければならないので，使える電力は電池だけの場合より10％程度低下する．しかしながら，電気の方が使い道が広く，かつ，余剰分を電力会社に買ってもらえれば他の需要者が消費してくれることになるので，普通の太陽熱利用よりは無駄のない利用方法と考えられている．

太陽光発電について，建築関係者が知っていなければならないことは，太陽光発電装置によって得られる年間の電力量(発電量)と建物での年間のエネルギー消費量(電力需要に相当)との関係についてである．たとえば，日本の家庭における1世帯当たりの年間2次エネルギー消費量は，図1-4に従えば38919 MJ/(世帯・年)であり，このすべてを電力で賄うと仮定すれば，10.8 MW・h/(世帯・年)の電力が必要になる．一方，1世帯の住宅の屋根に面積A [m^2]の太陽光発電パネルを設置した場合，その年間発電量E [MW・h/(世帯・年)]は次式で推計できる．

$$E = eAJ \qquad (5.23)$$

ここで，
　J＝屋根面での全天日射量の年間積算値 [MW・h/(m^2・年)]，
　e＝太陽光発電装置の発電効率
である．Jについては，発電パネルの設置角度を水平と仮定すれば(実際は屋根の傾斜に合わせて設置される場合が多いが)，図5-8に示した水平面全天日射量の年平均値を利用できるので，建設地を東京にすると，J＝3400 W・h/(m^2・日)＝1.24 MW・h/(m^2・年)，と推計できる．よって，式(5.23)は，

$$E = 1.24\,eA \qquad (5.24)$$

となる．e＝10%と15%の場合に対して，式(5.24)から得られるAとEとの関係を示したのが，図5-19である．この図の縦軸には，上述した年間2次エネルギー消費量である10.8 MWh/(世帯・年)とその50%に相当する5.4 MWh/(世帯・年)を示す線が破線で示されている．

太陽光発電などによる年間の発電量が当該建物のエネルギー消費量を単純に上回る建物を「ネットゼロエネルギー建築(ZEB)」と称している．図5-19は，住宅の場合のZEB(ZEHとも言う)の検討に用いることができる．図5-19より，断熱や高効率設備を採用して十分な省エネを達成した建物(たとえば，エネルギー消費量を現在の50%である5.4 MWh/(世帯・年)までに削減した建物)では，パネルの発電効率が10〜15%でも，パネルの設置面積は30〜45 m^{2}となるので，パネルは2階建ての建物の屋根に十分設置できる面積となり，ZEBを建設する

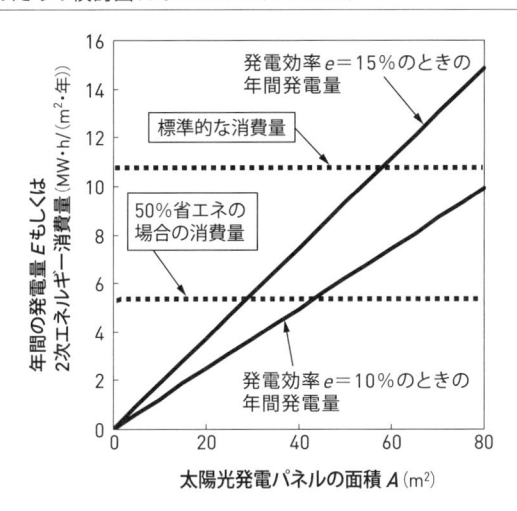

図5-19 ◆ ZEBのための検討図(東京に建つ戸建住宅の場合)

ことができることになる．また，太陽光発電装置は，パネルに入射する日射が $1 kW/m^2$ のときの発電量でもって，その発電容量を表示しているので，上記の発電効率と設置面積の組み合わせを発電容量で言えば4.35 kWになる．現在，市販されている住宅用の発電装置の最大発電容量は，この数値よりかなり大きな6 kW程度であるから，戸建住宅の場合，ZEBは比較的実現性が高い目標と考えられる．

なお，ZEBは，夜間や曇天時には発電ができなくなるので，たとえ蓄電池が取り付けられていたとしても，蓄電量がゼロになってしまえば，外部からの電力提供が必要になる．しかし，概念が理解しやすいし，スマートグリッドと組み合わせれば，有効な省エネルギーが実現されるので，低炭素社会におけるシンボルの1つになるものと期待されている．

参考文献

1) 建築計画原論IおよびII，渡辺要編，丸善，1962.
2) 拡張アメダス気象データ，日本建築学会，丸善，2000.

第6章 湿気と結露防止

6.1 目的と意義

　第5章までは，熱（厳密には顕熱）と温度に着目し，主に室温形成に焦点を当てて論述してきた．しかし，温度に関連する要素の中には，室温以外に建築にとって重要な要素がもう1つある．それは湿度や水分である．中でも我々が注目しなければならないものは，建築内で発生する結露である．

　我々は日常さまざまな結露現象（水蒸気の凝縮）を見かけるが，建築部位における結露は，図6-1に示すように，部材の劣化や腐朽，カビ・ダニの繁殖などを引き起こすので，防止するべきものとされている．結露防止（防露とか防湿ともいう）のためには，水分あるいは湿気（氷，液水，水蒸気）の挙動に関する知識が要求される．そして，熱や温度は，飽和水蒸気圧や相対湿度という物理量を通して，湿気の状況と挙動に大きな影響を与える．湿気や結露が熱環境の中で扱われる理由はそこにある．

　本章では，主として結露防止という観点から，湿気の挙動について論述する．また，湿気に関係するもう1つの問題として，室内湿度と潜熱負荷についても取り上げる．

図6-1 ◆ 結露の事例とその被害

(a) 木造住宅の壁体内結露による木材の腐朽（北海道）

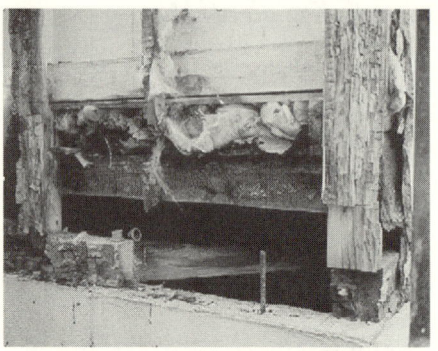

(b) 壁体内結露による腐朽が原因で地震時に脱落した外装材（北海道）

(c) 窓の表面結露とカビの繁殖（栃木県）

資料提供：鈴木大隆

6.2 建築における水分の挙動

6.2.1 湿度の表示方法と湿り空気線図

周知のように,空気は気体の H_2O(水蒸気)をある程度,含有することができる.水蒸気を含んだ空気は「湿り空気」と呼ばれる.湿度とは,湿り空気中の水蒸気量を示す指標である.湿度はいくつもの表し方があるが,以下に環境工学においてよく使われるものを示す.

①絶対湿度 X [g/kg′]:乾燥空気 1 kg′ に含まれる水蒸気量の重量を g 単位で表したものであり,環境工学では最も基本となる量の 1 つである.空気の重量の単位には「′」(プライム)を付けているが,水蒸気のそれには何も付けないで表すのが一般的である.気象学ではこの X のことを「混合比」と称している.

②水蒸気圧 e [Pa]:湿り空気に含まれる水蒸気の分圧のことである.なお,圧力の単位は,国際単位系では,Pa「パスカル」を使用せねばならないが,古い資料からそのまま引用した図表などにおいては "mmHg" なども散見される.1 気圧 = 760 mmHg = 101300 Pa である.

③相対湿度 ϕ [%]:湿り空気の水蒸気分圧を飽和水蒸気圧(その湿り空気の温度における)に対する百分率で表したものである.日常的に最もよく使われる湿度と言える.

④露点温度 T_d [℃]:湿り空気を冷却したときに,含まれている水蒸気が凝結を開始する温度である.

⑤湿球温度 T_w [℃]:湿り空気が液水または氷と断熱的に接触して平衡するときの温度である.乾湿温度計の湿球計が示す温度である,「断熱飽和温度」とも言う.

上記の各指標と空気の温度は,互いに関係を持っている.以下に,その代表的な関係を示す.ただし,e_s = 飽和水蒸気圧 [Pa],X_s = 飽和絶対湿度 [g/kg′],P = 大気圧 ≒ 1013×10^2 Pa,T = 温度(乾球)[℃],$T_b = T + 273.15$ = 絶対温度 [K] である.

$$\phi = \frac{e}{e_s} \times 100 \fallingdotseq \frac{X}{X_s} \times 100 \tag{6.1}$$

$$X = \frac{622e}{P-e} \fallingdotseq \frac{622e}{P} \tag{6.2}$$

$$e_s(T) \fallingdotseq \exp\left(-\frac{6096.938}{T_b} + 21.2409642 - 2.711193 \times 10^{-2} T_b \right. \\ \left. + 1.673952 \times 10^{-5} T_b^2 + 2.433502 \ln T_b \right) \tag{6.3}$$

$$X_s(T) \fallingdotseq \exp(1.32774 + 7.80136 \times 10^{-2} T - 2.87894 \times 10^{-4} T^2 \\ + 1.36152 \times 10^{-6} T^3 + 3.49024 \times 10^{-9} T^4 - 4.87306 \times 10^{-3} |T|) \tag{6.4}$$

なお，式 (6.3) はゾンターク (Sonntag) 式，式 (6.4) は松尾の式と称され，共にほぼ−20℃〜50℃で成立する．上記の関係を線図で示したものが，図6-2の

図6-2 ◆ 湿り空気線図とその見方

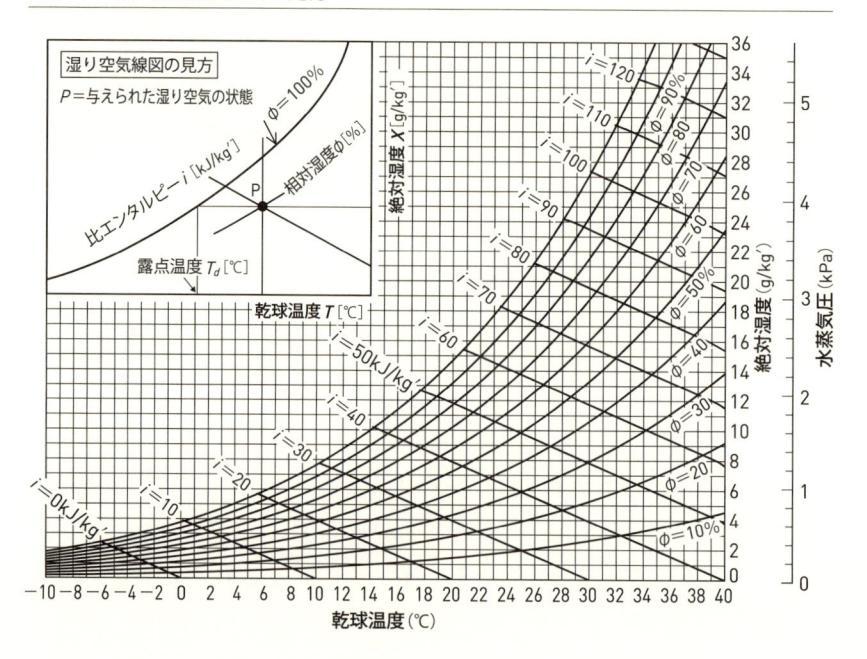

湿り空気線図である．

　湿り空気が所持する全熱量(顕熱と潜熱の合計)は，「エンタルピー」といわれる．今，温度が$T[℃]$で，絶対湿度が$X[g/kg']$の湿り空気があるとすると，その全重量は，$(1+0.001X)[kg]$である．この湿り空気のエンタルピーは，通常，0℃を基準とした場合に，その湿り空気中に含まれる乾燥空気の重量当たりの顕熱量と潜熱量の合計で表す．これを$i[J/kg']$とすると，

$$i = C_a T + X(L_{wo} + C_w T) \tag{6.5}$$

であり，iは比エンタルピーと呼ばれる．ここで，

$C_a = 1000 \, J/(kg' \cdot K) =$ 乾燥空気の定圧比熱
$C_w = 1.840 \, J/(g \cdot K) =$ 水蒸気の定圧比熱
$L_{wo} = 2500 \, J/g = 0℃$の水の蒸発潜熱

である．

6.2.2　水分の発生と移動

　建築の内部や周囲では，炊事，入浴などの生活行為や人体からの発汗，雨水の蒸発などによってさまざまな水蒸気が発生する．そして，それらが換気や透湿によって移動する．室内や空間の絶対湿度は，室温が室内の熱収支によって定まるのと同様に，発生水蒸気や移動水蒸気の収支がゼロになるように定まる．こうした発生水蒸気や移動水蒸気の中で，特に重要なものを以下の①〜⑤に示す．

①炊事や暖房などの生活行為によって発生する水蒸気
②人体の発汗や呼吸によって室内に排出される水蒸気
③換気に伴い室内外を移動し，結果として室内が取得する水蒸気(換気に伴う水分輸送)
④壁を通して空間から空間へ移動する水蒸気(湿気貫流，または，透湿)
⑤室内の内装材や家具・衣類・書類等から放湿されたり吸湿されたりする水蒸気(吸放湿6.4節を参照)

表6-1 ◆ 炊事器具・家電器具などからの水蒸気発生量

器　具	摘　要	水蒸気発生量(g/h)
なべ22 cm径	盛んに沸騰，ふたなし	1400〜1500
〃	一般，ふたあり	500〜700
やかん中型	盛んに沸騰，ふたなし	1300〜1400
〃	一般，ふたあり	50
電気オーブン トースター	—	0.3
ヘアドライヤー	ブロア形	180
〃	ヘルメット形	150
コーヒー沸し(1/2 gal)	電　気	100
〃	ガ　ス	160
グリル類	電　気	400〜1400
〃	ガ　ス	400〜1700
開放型暖房器具	灯油，ガス	1 kW·hの暖房熱量当たり，160 g発生する．よって，3 kWのストーブなら480 g/h発生する．

出典：『建築環境工学教材・環境編』(日本建築学会，1995)

　この中で①に関係した水蒸気の発生量を表6-1に示す．日本の温暖地で多数使われている，灯油やガスの開放型暖房器具(燃焼による排ガスを屋外へ排出する装置が取り付けられていないために，排ガスが室内に直に排出されるストーブ)から燃焼によって室内に排出される水蒸気の量はかなり大きいことがわかる．このような水蒸気は，冬季の室内湿度を高め，外皮に結露を引き起こす要因の1つになっていることが予想される．表6-1にはなべとやかんを除き，厨房や浴室で発生する水蒸気量が掲載されていない．理由は，こうした水蒸気は多くが専用の換気扇やファンによって屋外へ排出されると考えられ，室内湿度の計算では通常は考慮しない場合が多いからである．また，②に示す人体からの水蒸気は，室内の湿度を高める要因の1つであるが，表6-2に示すように，室温が高くなるほど発生量が増大する．

　③と④については，定式化の方法を以下に示す．今，③のように換気によって室内が取得する水蒸気量をf_V[g/h]とすると，f_Vは，

$$f_V = \rho V (X_O - X_R) \tag{6.6}$$

表6-2 ◆ 人体からの水分蒸発量(室内からみれば水蒸気発生量となる)

作業状態	適用建物	人体の代謝量(met)	水分蒸発量(g/h) 室内温度(℃)				
			20	22	24	26	28
椅座(安静時)	劇場, 小・中学校	1.0	31	38	46	56	66
椅座(軽作業時)	高等学校	1.1	44	51	62	74	85
事務作業	事務所・ホテル	1.2	59	68	80	91	104
立　居	銀行・デパート	1.4	75	84	94	109	123
椅座(中作業時)	レストラン	1.2	82	91	104	121	140
椅座(中作業時)	工　場	2.0	138	154	173	196	216
ダンス(中程度)	ダンスホール	2.2	162	180	201	223	243
歩行(4.8 km/h)	工　場	2.5	194	216	238	259	281
重　作　業	工場・ボーリング	3.7	310	331	353	370	385

出典:『建築環境工学教材・環境編』(日本建築学会, 1995)

で表される。ただし,

ρ＝乾燥空気の密度≒1.25 kg′/m³

V＝換気量 [m³/h]

X_O＝外気の絶対湿度 [g/kg′]

X_R＝室内の絶対湿度 [g/kg′]

である。また，外壁を例にとると，④のように外気から室内へ透湿する水蒸気量 f_T [g/h] は,

$$f_T = ZA(X_O - X_R) \qquad (6.7)$$

で表される。ここで,

Z＝壁の湿気貫流率 [g/(m²・h・(g/kg′))]

A＝壁の面積 [m²]

である。Z は，材料の湿気伝導率 [g/(m・h(g/kg′))] と材厚，空気層の湿気伝達抵抗 [m²・h・(g/kg′)/g] が与えられれば，熱貫流率と同様な手法で計算することができる(式(3.2)～(3.4)を参照)。なお，透湿の駆動ポテンシャルとなる「湿度」としては，式(6.7)では絶対湿度が用いられているが，従前は水蒸気圧が用いられていた。しかし，その場合は，湿気伝導率と湿気伝達抵抗の単位も水蒸気圧基準のものを用いねばならない。

6.3 室内湿度と結露

6.3.1 室内湿度と潜熱負荷

室内の水分収支式について考えると，6.2.2項で示した①〜⑤の水蒸気量の合計はゼロとなる．また，その結果から室内の絶対湿度を求めることができる．一般に，④の透湿量は，③の換気に伴う移動量に比べればかなり小さいので無視できる場合が多い．毎時の湿度を精確に求める場合には，⑤の吸放湿は無視できないが，日平均の湿度やおおよその湿度を計算する場合などでは，⑤の吸放湿も無視される．こうして，①〜③だけで水分収支式を立てると，

$$W + \rho V(X_O - X_R) = 0 \tag{6.8}$$

となるので，室内の絶対湿度 X_R は，

$$X_R = X_O + \frac{W}{\rho V} \tag{6.9}$$

で与えられる．ただし，W は，①と②を合計した水蒸気発生量 [g/h] である．

式 (6.9) を用いて計算した室内湿度（相対湿度で示す）と換気回数との関係を，図6-3に示す．開放型暖房器具のような水分発生源が室内に存在すると，換気回数の減少と共に相対湿度が急上昇し，外皮での結露のリスクが高まることが示されている．

潜熱負荷は，室内の湿度を設定値にするために必要な熱量であるが，透湿も吸放湿も無視できれば，式 (6.8) から容易に求められる．すなわち，式 (6.8) を用いて，加湿量 W_H [g/h] あるいは除湿量 W_C [g/h] を求め，それに水の蒸発潜熱 L_{wo} [J/g] を乗じれば，潜熱暖房負荷 L_H [W] あるいは潜熱冷房負荷 L_C [W] が，以下のように得られる．

$$L_H = \frac{L_{wo} W_H}{3600} \tag{6.10}$$

$$L_C = \frac{L_{wo} W_C}{3600} \tag{6.11}$$

図6-3 ◆ 室の相対湿度と換気回数との関係(東京の1月の外気温湿度:4.7℃, 53%, 室温:18℃, 室容積:325m³, 在室者数:4人の場合)

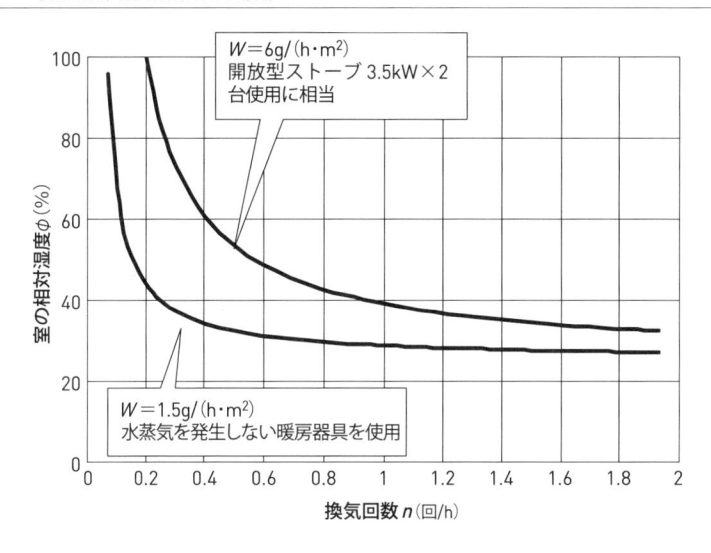

ここで，

$$W_H = \rho V(X_R - X_O) - W \tag{6.12}$$

$$W_C = \rho V(X_O - X_R) + W \tag{6.13}$$

である．

6.3.2　外皮の断熱性と表面結露

　建築の各部位(特に外皮の各部位)には，さまざまな原因やメカニズムでさまざまな結露が発生する．これらの結露をすべて語り尽くすことは難しいが，いずれにせよ実害に及ぶような大量の結露には，必ず恒常的な水分(水蒸気)の発生源とそれを凝結させる相対的な低温部が存在すると考えてよい．建築のあらゆる部分で結露を完璧に防ぐことは容易ではない．しかし，完璧に防ぐ必要性もない．要は，部位を劣化させ建築の耐久性を低下させたり，生活に支障をきたすような，実害につながる結露を完全に防止すればよいのである．

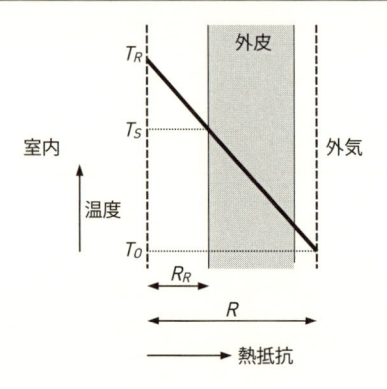

図6-4 ◆ 外皮における温度と熱貫流抵抗との関係

建築の結露のなかで最も代表的なものが、外壁や窓等の外皮の室内側表面に発生する表面結露である。この結露は、外皮の室内側表面温度 T_S が室内の湿り空気の露点温度 T_{dR} より低いために発生する。あるいは、室内空気の絶対湿度 X_R が室内側表面での飽和絶対湿度 $X_S(T_S)$ より高い（すなわち、表面での相対湿度が計算上100％以上になる）ために、発生するといってもよい。つまり、

$$T_S < T_{dR}, \quad あるいは、\quad X_R > X_S(T_S) \tag{6.14}$$

ならば、表面で室内の水蒸気が凝結する条件にあると考えてよく、外皮表面がガラスや金属、プラスチックなどの吸湿性がほとんどない材料であれば、そこに水滴が付着する（結露する）ことになる。ただし、室内の絶対湿度は外皮の室内側表面を含めて一様であると考える。この仮定は、6.3.1項で述べたように外皮を通しての透湿量が換気に伴う移動量よりかなり少なければ、成立するものであり、通常の建物で成立する仮定と考えてよい。つまり、絶対湿度が温度のように壁近傍で変化することは稀と考えてよい。

表面温度 T_S は、外皮であれば、その熱貫流抵抗 R と室内側表面熱伝達抵抗 R_R より、図6-4を参照して、次式で求められる（ただし、日射や夜間放射は無視）。

$$T_S = T_R - \frac{(T_R - T_O)R_R}{R} \tag{6.15}$$

ここで、T_O は外気温である。表面結露を防ぐには、式(6.14)が成立しないよ

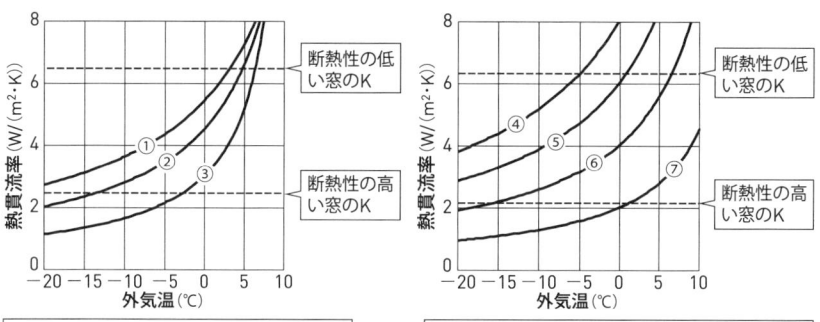

図6-5 ◆ 結露における熱貫流率と外気温の影響(太い曲線は結露が発生するか否かの境界を示す)

A. 室内露点を8℃に固定して、室温を変化させた場合の結果：以下はそのときの室内温湿度条件：
①20℃,46%　②16℃,59%　③12℃,76%

B. 室温を18℃に固定して、室内露点を変化させた場合(④から順に2,6,10,14℃)の結果：以下はそのときの室内温湿度条件：
④18℃,34%　⑤18℃,45%　⑥18℃,59%　⑦18℃,77%

うにすればよい．つまり，$T_S > T_{dR}$，あるいは，$X_R < X_S(T_S)$ になるようにすればよい．このためには，

① T_S を上げる（$X_S(T_S)$ を上げることと同じ意味）か，

② T_{dR} を下げる（X_R を下げることと同じ意味）か，

どちらかを実行すればよい．①の方法を実行するには，式(6.15)からわかるように，外皮の熱貫流抵抗 R を大きくすればよく，そのためには第3章で示したように外皮を断熱すればよい．②の方法を実行するには，室内の絶対湿度 X_R を下げればよく，そのためには，式(6.9)からわかるように，換気量を増やすか，室内の水蒸気発生量を減らせばよい．上記の①の方法から理解できるように，外皮においてはその断熱性は表面結露に大いに関係する因子である．図6-5は，このことを理解するためのチャートであり，窓を例にして，結露し始める熱貫流率と外気温との関係を式(6.15)を用いて曲線で表したものである．

ところで，以上の説明は，壁体中の熱流を1次元と仮定した場合の説明である．しかし，3.3節で述べたように，実際の壁体，特に鉄骨造やコンクリート造の壁体においては，熱伝導率の高い構造体が熱橋を形成する場合があるので注意が必要である．図6-6は鉄骨造の熱橋の例であるが，外気温が低ければ，熱橋部の室内側表面は部分的に低温になるので，表面結露を生じやすい．よっ

図6-6 ◆ 壁体中の熱橋と室内側の表面温度(実験. R は移動熱量から求めた実質熱貫流抵抗)

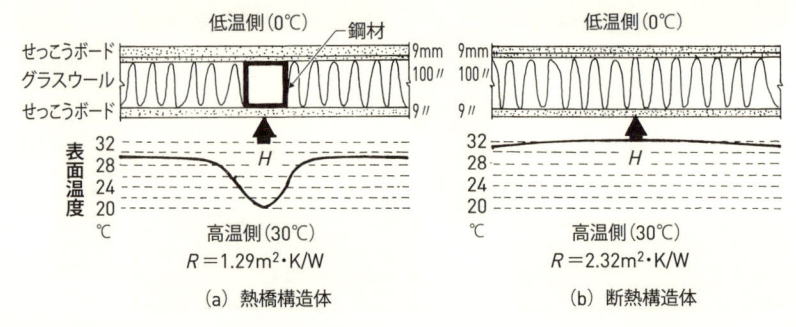

(a) 熱橋構造体　$R=1.29 m^2 \cdot K/W$

(b) 断熱構造体　$R=2.32 m^2 \cdot K/W$

出典：『断熱建材ハンドブック』(養賢堂，1994)

図6-7 ◆ コンクリート造建物における断熱方法と床表面の最低温度との関係

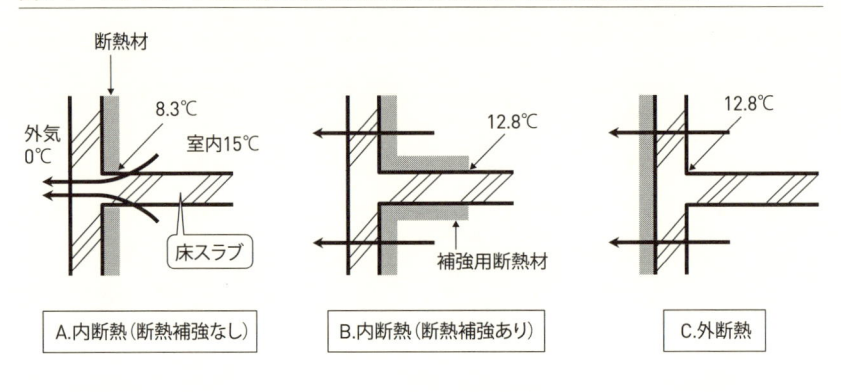

A.内断熱(断熱補強なし)　外気0℃　室内15℃　8.3℃　床スラブ

B.内断熱(断熱補強あり)　12.8℃　補強用断熱材

C.外断熱　12.8℃

て，熱橋となる鉄骨部を熱伝導率の低い部材で少しでもカバーするなどの対策を採るべきである．また，コンクリート造などにおいては，室内側から単純に断熱を施工した場合(内断熱の場合)に，外壁と床などの構造体どうしの接合部で断熱欠損部(これも熱橋の一種と言える)が発生し，結露の危険が高まる．そのために，外断熱という熱橋が生じにくい断熱工法が注目されるようになった．しかし，図6-7に示すように，内断熱の建物でも，熱橋に対して断熱補強(床の外周部にも断熱材を施工する)を行えば，表面結露を防止することは十分可能である．

6.3.3　壁体内結露とその対策

　壁の内部で発生する結露を壁体内結露（あるいは内部結露）という．壁の内部で発生するので，人目につきにくく，対処が遅れがちになり，木材の腐朽や金属の腐食の原因となる．図6-1の(a)と(b)に示した被害も，こうした壁体内結露による木材腐朽が大きな原因である．

　一口に壁体内結露といっても，原因やメカニズムはさまざまであり，結露の規模も実害に及ぶ大規模なものもあれば，それほど深刻に考える必要がない軽微なものもある．ここでは，主として，外壁等の防湿性や気密性が不完全なために外壁等の内部で生じる冬季の壁体内結露を取り上げる．このタイプの結露は，寒冷地で外壁の断熱が普及し始めたころ多発し，図6-1に示したように，木材の腐朽という被害をもたらした．しかし，防湿・気密層の奨励・普及とともに，こうした結露被害はかなり減少している．理論的にはこのタイプの結露は，以下の2つの独立した現象が原因と考えられるが，現実には2つの現象が同時に発生するケースも多く，個々のケースにおいてどちらが主原因であるか，特定できない場合も多い．

　①「透湿型結露」（あるいは「拡散型結露」）：室内の水蒸気が内装材や断熱材を透過して（すなわち「透湿して」），壁体内部に侵入し，外気で冷却されるために発生するものである（表4-3の3でこの結露を図解した）．内装材や断熱材の透湿性が高ければ，原理的には構造材の種類や工法に関係なく発生する．コンクリート造でも透湿性の高い断熱材を防湿層なしで室内側に施工すれば，この型の結露の危険性が高くなる．であるから，この場合は室内側で防湿層を面的に施工することが効果的な防露対策となる．図6-8は，この透湿型の結露が室内側の防湿層（防湿シート）によって防止できることを計算例でもって示したものである．

　②「壁体内気流型結露」（あるいは「移流型結露」）：日本の木造軸組工法で建てた建物における壁体内気流については，4.5.4項で紹介した．図6-9は壁体内気流が生じやすい箇所をやや大げさに矢印で示したものであるが，このような気流が発生すれば，気流に乗って水蒸気や熱も移動する（これを水蒸気の移流という）．冷たい外気が壁体内に入りこんだり（表4-3の2を参照），室内の水蒸気

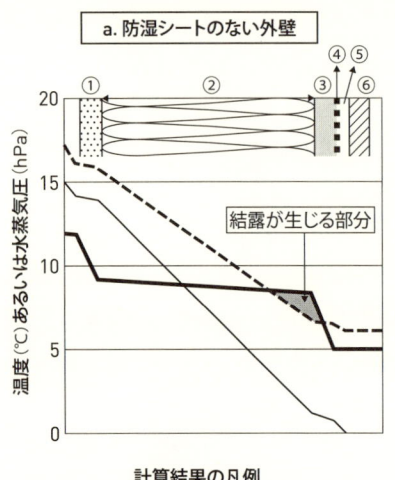

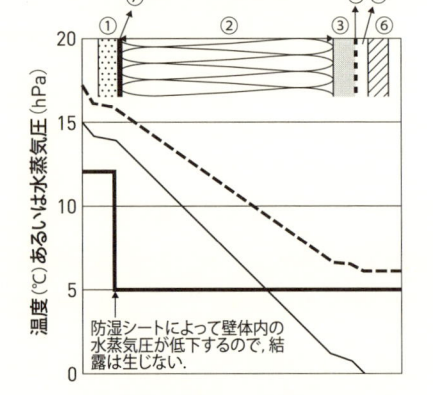

図6-8 ◆ 透湿型の結露と防湿シートの結露防止効果を示す計算例

a. 防湿シートのない外壁

b. 防湿シートを設けた外壁

(図中注記：結露が生じる部分／防湿シートによって壁体内の水蒸気圧が低下するので，結露は生じない．)

計算結果の凡例
- 温度の分布
- 飽和水蒸気圧の分布（温度の分布から得られる）
- 水蒸気圧の分布

温湿度の計算条件
室内：15℃，70%（11.9hPa）
外気：0℃，80%（4.9hPa）

各材料・層の厚さと物性値

	厚さ mm	熱抵抗 m²·K/W	湿気抵抗 10⁸m²·Pa·s/kg
室内側表面層	—	0.110	0.00
①せっこうボード	9.0	0.041	8.64
②グラスウール	89.0	1.780	2.56
③合板	9.0	0.056	10.80
④透湿防水シート	0.1	0.000	0.42
⑤通気層	7.0	0.110	0.00
⑥外装材	9.0	0.000	0.00
⑦防湿シート	0.5	0.000	1056.00

が小屋裏や階間，壁体内のやや低温の場所に運ばれたりすれば，結露発生の確率が高まる．したがって，この型の結露を防止するには，壁体内気流を抑制すればよく，そのためには4.5.4項で説明したように，気流止めや気密シートの施工，あるいは剛床や外張り断熱の採用などによって建物の外皮が気密化されればよいのである．

　なお，こうした冬季の内部結露に対して有効な防止策を講じた断熱・気密型の木造住宅において，夏型の内部結露が発生しているという「声」が，1990年代にあがっていた．しかし，こちらの方の結露は規模が小さく，かつ，結露水量も少ないので，実害に至るような障害や被害はほとんど報告されていない．このタイプの結露は，外気側の構造用合板や木製部材が昼間に日射で加熱

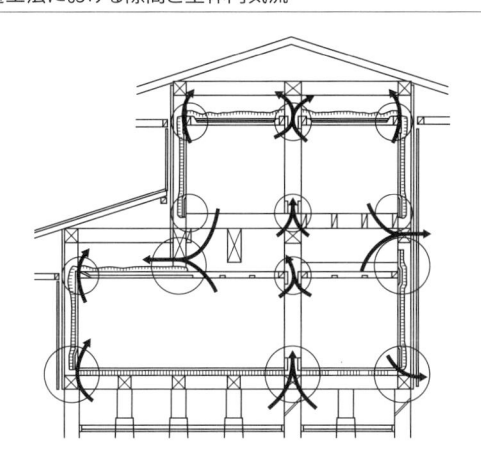

図6-9 ◆ 在来木造工法における隙間と壁体内気流

資料提供：鈴木大隆

されることによって水蒸気を放出し，その水蒸気が室内側の防湿・気密層で堰き止められ，さらに冷房で冷やされて凝縮するというメカニズムで生じることが解明されている[1]．ところが，この結露は，発生する時間帯が昼間の日射が強いときだけであり，夜間は逆に合板や木製部材が壁体内の湿気を吸湿してしまうので，壁体内は乾燥し，長期間の平均で見ても木材が腐朽するような含水率までには至らないのである．よって，よほどの低温冷房や大量の水蒸気発生という条件でもない限り，夏型の内部結露については神経質になることはなさそうである．

　最後に，表3-4や図6-8にも示されている通気層の目的について触れておく．通気層とは，上下の端部が外気に通じていて，外気がスムーズに出入りできる，厚さが数mm以上の面状の空間のことである．外装材は，通気層を介して躯体(くたい)に取り付けると，耐久性が向上することが知られている．なぜ耐久性が向上するかといえば，通気層を設けた壁体では，壁体中の水分（水蒸気や液水）が通気層を経由してスムーズに外気に放出されるからである．壁体内部では，室内の水蒸気（人間の生活による）や雨水などが侵入してくる場合もあるし，壁体の構成材料が元々有している水分も存在する．これらの水分が壁体に蓄積される一方であれば，壁体は腐朽・腐食や膨潤などを生じるリスクが増大する．し

かし，晴天日など，外気が乾燥している場合だけでも，こうした水分が通気層によってスムーズに排出されれば，壁体は長期間にわたってほぼ乾燥状態を維持することが可能になり，こうした劣化のリスクは低下する．通気層は，このような役目を担うために設けられている．

6.4 材料の吸放湿性と湿度

6.4.1 吸放湿性

　6.3節の冒頭で述べたように，6.3節で考えた湿度や結露は，材料の吸放湿を無視したものであった．しかし，実際の室内湿度や結露を精確に予測する場合には，この吸放湿を無視できない．なぜならば，室内には，内装材，衣類，書類，家具などが存在するのが普通であり，それらの多くが吸放湿性の高い素材でできているからである．吸放湿性とは，材料自身が湿気（水蒸気）を吸い込んだり吐き出したりする性質のことである．吸い込んだ水蒸気は材料中の微細な孔に液水の形で保持される．また，水蒸気を吐き出すときは，保持されている液水が水蒸気に相変化して吐き出される．

　吸放湿のメカニズムは単純ではないが，分子吸着（固体分子が気体分子を捕捉する現象）や毛管凝縮（毛細管凝縮）が関係していることは確かである．珪藻土やゼオライト，気泡コンクリートなどの無機系材料における吸放湿性の原因のほとんどは後者の毛管凝縮によるものと考えられている．一方，木材やそれを原料とした紙などの木質系材料の吸放湿性は，セルロース繊維と水分子との水素結合によるものと考えられている．

　毛管凝縮とは，100 nm（ナノメートル，$1\,\mathrm{nm} = 10^{-9}\,\mathrm{m}$）以下の毛細管の内部においては，水面が大きな凹の曲率を持つために飽和水蒸気圧が低下し，通常の水面が平らな場合に比べて低い水蒸気圧においても水蒸気が凝縮し液水になる現象である（図6-10参照）．第3章で述べたように，コンクリートや木材などの建築材料は多孔質材料であり，大小の孔が無数に存在している．とくに，上に挙げた吸放湿性の高い材料には100 nm以下の細い孔が無数に存在しており，

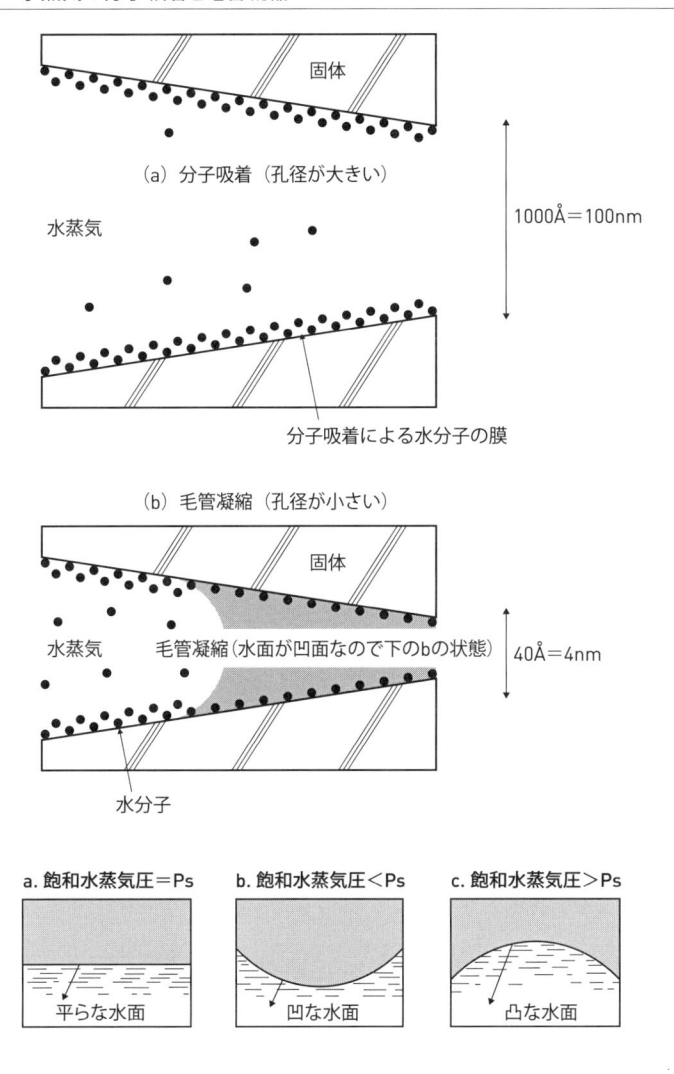

図6-10 ◆ 水蒸気の分子吸着と毛管凝縮

(a) 分子吸着（孔径が大きい）

水蒸気

分子吸着による水分子の膜

1000Å＝100nm

(b) 毛管凝縮（孔径が小さい）

固体

水蒸気　毛管凝縮（水面が凹面なので下のbの状態）

40Å＝4nm

水分子

a. 飽和水蒸気圧＝Ps　　b. 飽和水蒸気圧＜Ps　　c. 飽和水蒸気圧＞Ps

平らな水面　　　　　　凹な水面　　　　　　凸な水面

これが吸放湿性を生み出す要因と考えられている．

6.4.2 平衡含水率と熱水分同時移動

材料の吸湿の程度は重量含水率 (含湿率) ϕ [％] で表すのが一般的である．

$$\phi = \frac{w - w_o}{w_o} \times 100 \qquad (6.16)$$

ここで，

$w =$ ある相対湿度での材料重量 [g]

$w_o =$ 絶乾状態 (相対湿度0％) での材料重量 [g]

である．ある一定の相対湿度の下で，数十g程度の重量の試験材料片を長時間放置すると，材料は空気中の水蒸気を吸い込む (あるいは材料中の水分を吐き出す) ので, (重量) 含水率は変動せずに一定値に落ち着く．これを平衡状態に達したというが，そのときの含水率を「平衡含水率」という．材料が同一であれば，平衡含水率は平衡させた相対湿度によってほぼ定まるが，材料周囲の温度によっても若干変化する．また，吸湿のプロセスか放湿のプロセスかによってかなり差が生じる材料もある (このような吸湿と放湿で差が生じる現象をヒステリシスという)．横軸に平衡させた相対湿度，縦軸に平衡含水率を取って，描いた曲線を平衡含水率曲線 (化学の分野では吸着等温線) という．平衡含水率曲線の例を図6-11に示す．

材料の平衡含水率が相対湿度に依存するということは，材料は周囲の相対湿度ばかりでなく，材料自身の温度が変わっても含水率が変化することを意味している．したがって，材料の吸放湿性を考慮した湿度解析を行うには，水分 (水蒸気と液水) の収支式だけでは不十分であり，温度や顕熱も同時に考慮して解析を行う必要がある．このような解析を行うための基礎方程式は熱水分同時移動方程式と言われており，近年はこれを用いた精度の高い湿度や結露の計算が行われている[2]．

このように材料中の水分移動を解析するには，水分移動と熱移動を同時に扱う必要があるが，両者の材料中の移動速度について言えば，吸放湿性を有する建築材料 (コンクリートや木材など) では熱移動の方が圧倒的に速い．ただし，吸

図6-11 ◆ 建材の平衡含水率の例

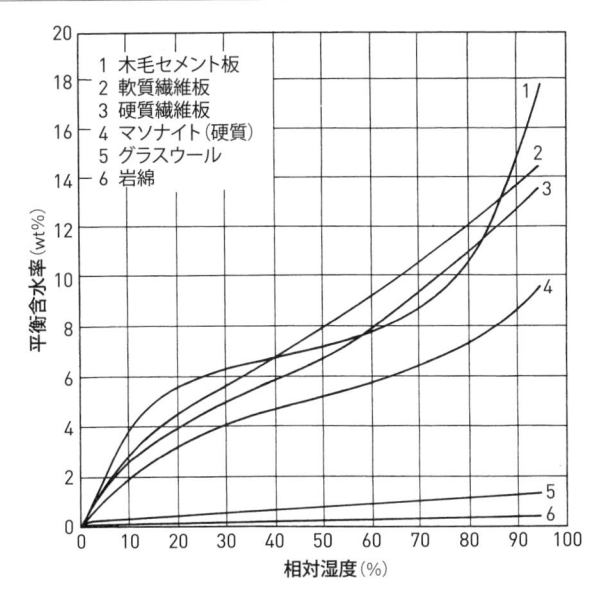

縦軸: 平衡含水率(wt%)　横軸: 相対湿度(%)

1 木毛セメント板
2 軟質繊維板
3 硬質繊維板
4 マソナイト(硬質)
5 グラスウール
6 岩綿

出典:『建築環境工学用教材・環境編』(日本建築学会, 1988)

放湿性がほとんどない繊維系の断熱材などでは，水分移動も熱移動と同程度に速やかに行われる．また，金属やガラス，プラスチックの大半は非透湿であり，水蒸気は材料に孔やひびがない限りほとんど透過しない．なお，透湿防水シートのように，水蒸気だけは透過させるが，液水や空気はほとんど透過させないという素材もあり，これらの材料は木造壁体の気密性や防湿性，耐久性を向上させるために不可欠な素材になっている．1980年代までの木造住宅は，黒いアスファルト系の防水紙が多用されていて工事現場は黒っぽいイメージであったが，1990年代ころからこうした透湿防水シートが防水紙に取って代わったので，現在では木造の工事現場は白っぽい(透湿防水シートの色)のが大半である．

参考文献

1) 防湿層なしは逆転結露に有効か，斎藤宏昭，建築技術，No.648，2004.
2) 新建築学大系/10/環境物理，彰国社，1984.

第7章 蓄熱と室温変動

7.1 目的と意義

　第6章までの論述は，すべて，蓄熱以外の伝熱要素が全体として瞬間瞬間でバランスするという仮定（瞬時定常の仮定）の下で，進められてきた．しかし，実際は，物質は少なからず熱を蓄える性質（蓄熱性）を有するので，蓄熱の影響が必ず存在する．したがって，熱環境の時間変動に関する精確な予測をするためには，物質の蓄熱性（熱容量）を考慮する必要がある．とはいっても，そのような必要性は，これまでの瞬時定常の仮定の下で得られた結論をまったく無意味で無用なものにしてしまうわけではない．たとえば，木造の建物のように蓄熱性が小さい建物の熱環境や，コンクリートの建物でも1ヵ月以上の長期間における平均的な熱環境であれば，蓄熱性を考慮しなくてもかなり精確な答えが得られる場合が多い．

　本章では，壁体の蓄熱性を考慮した場合の室温や熱環境について紹介する．蓄熱性を考慮した熱環境に関する分野は，近年のコンピュータの発展の恩恵を受けて，数値シミュレーションに関する技術や成果が豊富である．したがって，その内容を理解するには応用数学や数値計算学のかなり専門的な知識が要求され，本書の守備範囲を超えてしまう．そのため，ここでは，ごく基本的な事項と簡単なモデルによる結果だけを紹介し，詳細は省略する．この分野に興味がある人やより詳細が知りたい人は，参考文献[1),2)]にこの分野の専門的な教科書を示したので，それらを勉強されることを勧める．

7.2 非定常熱伝導方程式（熱拡散方程式）

固体中では対流と放射は生じず，熱（顕熱）の移動は熱伝導のみで行われる．第3章で述べたように，熱伝導はフーリエの法則に従うので，非定常な3次元固体伝熱の問題に対しては，式 (7.1) のような偏微分方程式が導かれる（導出の方法は参考文献[2]を参照）．この方程式は非定常の熱伝導方程式あるいは熱拡散方程式と称され，動的（非定常）解析の基礎となる方程式である．

$$\frac{\partial \theta}{\partial t} = a\left(\frac{\partial^2 \theta}{\partial x^2} + \frac{\partial^2 \theta}{\partial y^2} + \frac{\partial^2 \theta}{\partial z^2}\right) \tag{7.1}$$

ここで，

θ ＝固体の任意の点の温度 [℃]
t ＝時間 [s]
x, y, z ＝固体の任意の点の座標 [m]
$a = \lambda/(C\rho)$ ＝固体の熱拡散係数（温度伝播率）[m^2/s]
λ ＝固体の熱伝導率 [W/(m・K)]
C ＝固体の比熱 [J/(kg・K)]
ρ ＝固体の密度 [kg/m^3]

である．温度に対しては，前章までは T という記号を用いたが，この章では温度が時間や空間で変化するということも考慮するので，新たに θ という記号を使用する．

式 (7.1) は壁体中の温度分布を詳細に解析する場合などには用いられるが，室温の動的解析などの問題に対しては複雑すぎるので，あまり用いられない．室温の動的解析には，式 (7.1) の右辺をさらに簡略化した，以下の1次元熱拡散方程式が用いられる．

$$\frac{\partial \theta}{\partial t} = a\frac{\partial^2 \theta}{\partial x^2} \tag{7.2}$$

式 (7.2) の解き方はいくつか存在するが，代表的なものは応答係数法と差分法である．しかし前述したように，こうした専門的な解析手法を解説することは本書の範疇ではないので，これらの解析手法については省略する．式 (7.2) に

基づく壁体の温度あるいは熱流を計算する式ができれば，第4章に示した熱収支式に基づいて室温や熱負荷を計算する式が導かれる．蓄熱を考慮した時々刻々の室温や熱負荷の計算は，このような方法で行われる．もちろん，こうした計算は，複雑かつ大量であるのでコンピュータが行うことになり，コンピュータシミュレーションと呼ばれる．

7.3 室の熱容量と熱回路近似

式 (7.2) を用いずに，もっと簡単なモデルで壁体等の蓄熱が室温に与える影響について検討してみる．図7-1がそのための伝熱モデルであり，建築の伝熱問題を電気回路の問題に置き換えている．この電気回路は，1個の電気抵抗，1個の電気容量，および1個の発電機で構成されている．電気抵抗に相当する熱特性値は熱損失係数 (L [W/(m²·K)]) の逆数であり，電気容量に相当するそれは床面積当たりの室の熱容量 (C^* [J/(m²·K)]) である．また，発電機による電流は床面積当たりの室内発熱量 (Q^* [W/m²])（暖房などと透過日射の合計）に相当している．このように，伝熱問題を電気回路で近似することを熱回路近似といい，近似された回路のことを熱回路網という．

ところで，L は第4章で示したように，設計図書から見積もることができる．

図7-1 ◆ 室の熱回路近似モデル

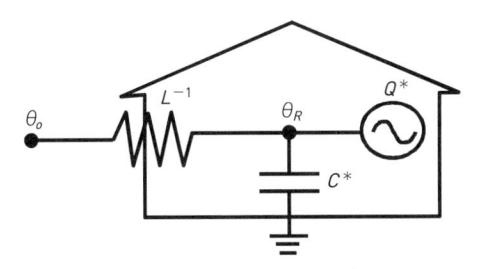

$L = (\Sigma K_i A_i + 0.35V)/S$ = 熱損失係数
$C^* = C_R/S$ = 床面積当たりの室の熱容量
Q^* = 床面積当たりの発熱量

しかし室の熱容量 C^* はどのように見積もったらよいのであろうか．これはそもそも精確には算定できないものだが，近似的に見積もるとすれば，以下の推計式が考えられる．

$$C^* = \frac{\sum_i c_i d_i A_i + \sum_i C_i M_i}{S} \tag{7.3}$$

ここで，

c_i＝外周部位の容積比熱 [J/(m³·K)]
d_i＝外周部位の熱抵抗の中心から室表面までの距離 [m]
A_i＝外周部位の面積 [m²]
C_i＝室内家具や間仕切り壁の比熱 [J/(kg·K)]
M_i＝室内家具や間仕切り壁の質量 [kg]
S＝床面積 [m²]

であり，室の空気の熱容量は小さいので無視した．

図7-1の熱回路近似モデルを用いて，暖房のオン・オフ時の室温変化を解析し，蓄熱の影響を考察してみよう．このモデルで室温が定義されている節点においてキルヒホッフの法則（熱回路の節点において全熱流の合計はゼロになるという法則）を適用すると，以下の微分方程式が成立する．

$$C^* \frac{d\theta_R}{dt} = L(\theta_o - \theta_R) + Q^* \tag{7.4}$$

ここで，θ_R＝室温 [℃]，θ_o＝外気温 [℃]，t＝時間 [s] である．θ_o と Q^* が時間変化しないで一定であるとすれば，この微分方程式は容易に解けて

$$\theta_R = (\theta_o + \Delta\theta - \theta_i)(1 - e^{-at}) + \theta_i \tag{7.5}$$

と表される．ただし，

$\Delta\theta = Q^*/L$＝室温上昇 [℃]
$a = L/C^*$＝室温変動率 [1/s]
θ_i＝初期室温 [℃]

である．

もし，$\theta_i = \theta_o$ であれば，式 (7.5) は，

$$\theta_R = \Delta\theta(1 - e^{-at}) + \theta_o \qquad (7.6)$$

となる．これが外気温と熱的に平衡している建物において，$t=0$ の時点から暖房を開始したときの室温を表す式である．式 (7.6) において，$t=\infty$ とすると，室温は定常モデルで与えられる室温 ($\theta_R = \Delta\theta + \theta_o$) になることがわかる．

一方，式 (7.5) において，$Q^* = 0$ とすると，

$$\theta_R = \Delta\theta' e^{-at} + \theta_o \qquad (7.7)$$

となる．ただし，$\Delta\theta' = \theta_i - \theta_o$ である．こちらの方は，暖房を停止したときの室温を表す式であり，$t=0$ において $\theta_R = \theta_i$（暖房によって室温が θ_i になっていたと考える）であったものが，$t=\infty$ で $\theta_R = \theta_o$ に降下してしまう様子を表している．

実際に存在しうる建物を想定して L や C^* の数値を推計し，それらを式 (7.6) と式 (7.7) に代入することで，熱容量の効果を調べてみよう．今，建物規模は同一で，熱特性（熱性能）が異なる 4 種類の建物を想定する．図7-2 の下の表に示すように，建物の仕様は，熱容量が異なる 2 仕様（木造かコンクリート造か）と断熱性能が異なる 2 仕様（高断熱か低断熱か）の組み合わせを変えて 4 種類を設定している．表には，各建物の L，C^*，a の数値を示した．これらの 4 種類の建物において，暖房開始後の室温上昇の様子を比較したものが図7-2 の A であり，暖房停止後のそれを比較したものが図7-2 の B である．もちろん，A は式 (7.6) を，B は式 (7.7) を用いて，それぞれ計算されたものであり，暖房熱量（30 W/m²）および初期室温は 4 種類の建物において同一としている．A において，室温が最終的に到達する平衡温度は，高断熱仕様であれば20℃，低断熱であれば10℃である．また B において，初期室温は20℃と設定されている．

両図から，同じ保温性の建物（すなわち，L が等しい建物）であっても，室の熱容量が異なれば，a が異なるので，室温変化の様子が異なることがわかる．つまり，室の熱容量が大きければ，a が小になるので，室温の変化は緩慢であり，反対に小さければ，a が大になるので，室温の変化は速い．図7-2A から，コンクリート造のような熱容量の大きい建物では，暖房を始めても室温はなかなか平衡温度まで到達しないが，木造などの熱容量の小さな建物では，室温は暖

図7-2 ◆ 暖房の開始後および停止後における室温変化と建物熱特性との関係

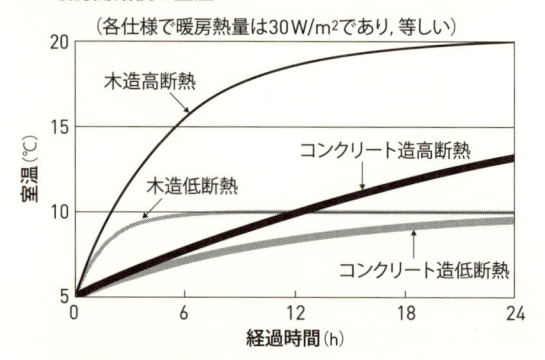

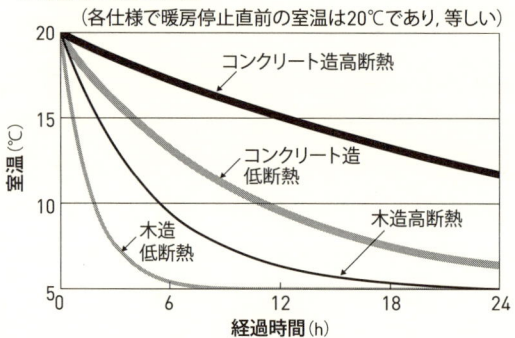

A. 暖房開始後の室温
(各仕様で暖房熱量は30W/m²であり, 等しい)

- 木造高断熱
- コンクリート造高断熱
- 木造低断熱
- コンクリート造低断熱

B. 暖房停止後の室温
(各仕様で暖房停止直前の室温は20℃であり, 等しい)

- コンクリート造高断熱
- コンクリート造低断熱
- 木造高断熱
- 木造低断熱

建物仕様と室の熱特性値

建物仕様	室の熱容量 $C^*[J/(m^2 \cdot K)]$	熱損失係数 $L[W/(m^2 \cdot K)]$	室温変動率 $a[1/s] = L/C^*$
木造高断熱	36,000	2	55.6×10^{-6}
コンクリート造高断熱	216,000	2	9.26×10^{-6}
木造低断熱	36,000	6	167×10^{-6}
コンクリート造低断熱	216,000	6	27.8×10^{-6}

房開始後，比較的速やかに平衡温度に達することがわかる．一方，図7-2Bでは，最終的には4棟とも室温は5℃まで下がるのだが，そこに至るまでの室温の変化は，式(7.7)からわかるように建物の a の値で決定される．a が小さい方が室温はゆっくりと降下することが，図に示されている．

参考文献

1) 新建築学大系/10/環境物理，彰国社，1984．
2) 数値伝熱学，斎藤武雄，養賢堂，1989．

第8章 暖冷房とヒートポンプ

8.1 建築外皮と暖冷房設備

　現代の建築においては，暖冷房設備が当たり前のように設置されている．なぜならば，建築外皮の断熱や日射遮蔽というパッシブな手法は，室内熱環境において，確かに外界気象の影響を緩和するように作用するが，そうした手法だけでは，寒い／暑いという人間の熱的ストレスを完全に取り除くことが難しいからである．それゆえ，我々は暖冷房設備を使用して，寒い日には暖房を，暑い日や蒸し暑い日には冷房を，当たり前のように行っているわけである．本章では，こうした暖冷房について，省エネルギーの観点からもう少し考えてみる．しかし，本書は暖冷房設備のシステムまでも守備範囲とするものではないので，暖冷房設備の詳細や設計方法については記述しない．

　本書の立脚点は，建築の熱環境は建築外皮と暖冷房設備の双方によって形成されるというものである．建築と設備は互いに補完しあうべきものであり，「車の両輪」に喩えられる．建築と設備のそれぞれの専門家が書いたものには，概してそれぞれが独立しているかのような記述や，ひどいときには両者が対立概念であるかのような主張が見られるときもあるが，本書では両者は共存・共栄し，サステナブル建築（第1章を参照）では両者はインテグレートされる方向に向かうというのが論旨である．建築と設備がうまくかみあうことによって，過不足がない熱環境と省エネルギーが得られるのである．どちらか一方だけでは，快適性と省エネ性を両方とも獲得することは一般に困難である．

　暖冷房設備，特に暖房設備にはさまざまなものが存在するが，本書では，こ

の中でヒートポンプによる暖冷房を推奨する．なぜならば，日本の主要地域のように，冬季が比較的温暖でかつ冷房も必要な気候においては，ヒートポンプによる暖冷房が1年を通して有効に働き，省エネ性も高いからである．詳しい説明は後述するが，大気熱源であれ，地中熱源であれ，ヒートポンプによる採熱は再生可能な自然の熱源（ヒートソース）を利用するものであるので，条件が悪くなければ，1次エネルギー効率（8.3.3項参照）が100%以上に到達する．1次エネルギー効率が100%以上になるということは，太陽エネルギー利用などの再生可能エネルギーの利用と同等の意味が含まれることになり，化石燃料の燃焼利用などにおいては原理的に到達が不可能な効率となる．したがって，サステナブル建築においては，ぜひこうした効率の高いヒートポンプによる暖冷房設備の採用を最初に考えるべきである．これが，建築外皮を主要なテーマとする本書において，ヒートポンプという設備を特別に取り上げる理由である．ここでは，このヒートポンプの仕組みと高いエネルギー効率について示す．

8.2　ヒートポンプの仕組み

8.2.1　ヒートポンプとは

　ヒートポンプは，現代ではエアコンや冷蔵庫，給湯機など，非常に多岐にわたって利用されている機械である．熱は，外部の影響がなければ，第3章で学んだように，伝導・対流・放射という現象に従い，考えている系において温度が高いところから低いところに自然に伝わってゆく（熱拡散あるいは熱伝達）．ところが，ヒートポンプにおいては，外的なエネルギーを使ってこうした熱の伝わり方を自然現象とは逆向きにする．つまり，ヒートポンプは「温度が低い」ところの熱を「温度が高い」ところへ運ぶのである．このことが，水を低い場所から高い場所に運ぶポンプの働きと似ているというので，「ポンプ」という名称が付けられている．しかし，ヒートポンプによって運ばれるものは物質ではなく熱だけである．ゆえに，ヒートポンプは熱を「運ぶ」あるいは「移動させる」機械と考えるとよい．温度が低い場所が外気，高い場所が室内であ

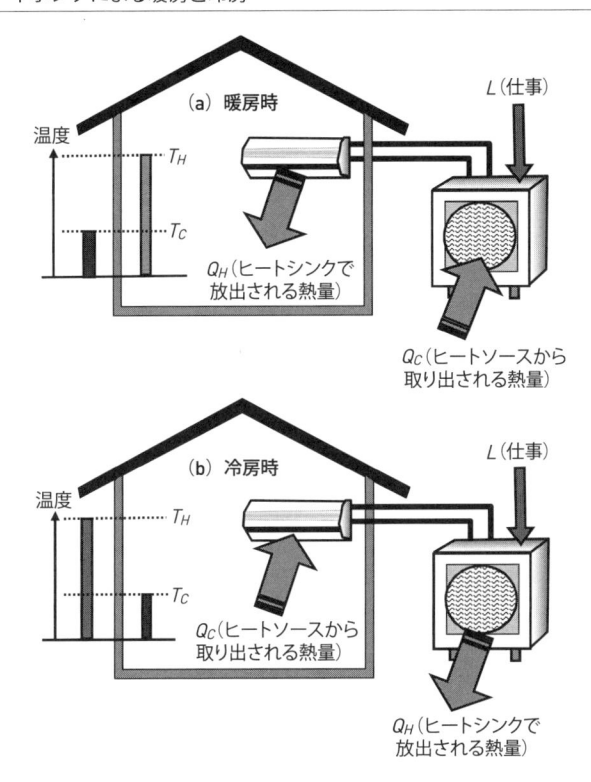

図8-1 ◆ ヒートポンプによる暖房と冷房

(a) 暖房時
温度 / T_H / T_C
L（仕事）
Q_H（ヒートシンクで放出される熱量）
Q_C（ヒートソースから取り出される熱量）

(b) 冷房時
温度 / T_H / T_C
L（仕事）
Q_C（ヒートソースから取り出される熱量）
Q_H（ヒートシンクで放出される熱量）

れば，ヒートポンプによって暖房が行えるし，その逆に，低い場所が室内，高い場所が外気であれば，室内の熱が外界へ運ばれていくので冷房となる（図8-1参照）．

　ヒートポンプは外的なエネルギーの使い方によっていくつかの種類に分けられるが，エアコンや冷凍機として実用化され暖冷房に大量に使用されているものは，圧縮式ヒートポンプと吸収式ヒートポンプである．前者において，圧縮力は電気を使って電動モーターを動かすか，ガスエンジンなどの内燃機関を用いるかして得ている．近年は電動式のものにおいて高効率化や制御性の向上など，進歩と発展が著しい．それゆえ，本書ではこの電動の圧縮式ヒートポンプのことを中心に述べる．吸収式のヒートポンプは，吸収冷凍機として大きな建

築物の冷房に採用されているが，小型の機器が製造できない，エネルギー効率がそれほど向上しないなど，進歩が遅れている．

圧縮式ヒートポンプの原理は，「逆カルノーサイクル」と称されるものであり，蒸気機関車がパワーを生む原理（カルノーサイクル）を逆に作用させたときの原理と考えればよい．つまり，蒸気機関車は石炭などを燃やして造った「熱」を利用して走行のための「動力」を得る（カルノーサイクルの利用）が，電動の圧縮式ヒートポンプでは，逆に電動モーターによって造られた「動力」を使って「熱」を運ぶ（移動させる）のである（逆カルノーサイクルの利用）．なお，ヒートポンプの物理学的理解のためには，熱力学や機械工学の専門的な知識[1]が必要になる．しかし，本書は建築熱環境という応用サイドから，暖冷房設備としてのヒートポンプの特性（とくにエネルギー効率）を確かめることに主眼があるので，こうしたヒートポンプの物理学的な詳細については記述しない．

8.2.2　ヒートポンプの仕組みと機能

家庭用のエアコンを例にとり，ヒートポンプ（圧縮式）の仕組みについて示す．ヒートポンプは，①蒸発器，②圧縮機，③凝縮器，④膨張弁，の4つの主要要素から構成されている（図8-2参照）．ヒートポンプでは，この4要素の間

図8-2 ◆ ヒートポンプの構成要素と冷媒の流れ

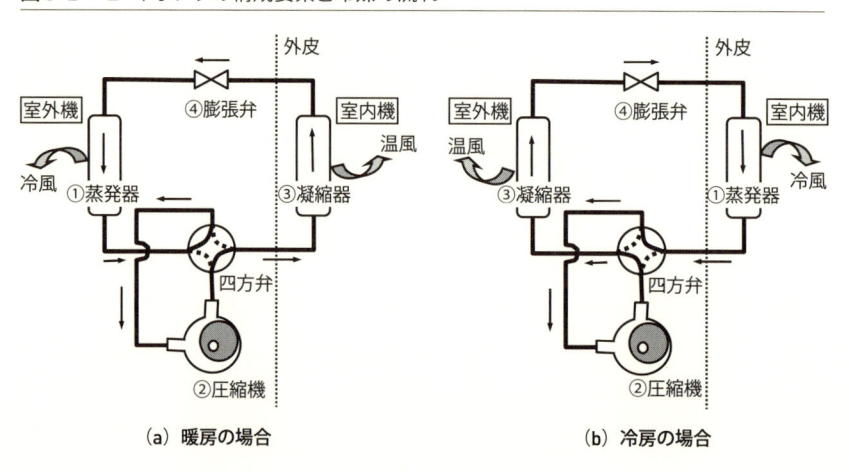

を冷媒と称される物質が相変化を伴いながら循環する．冷媒にはオゾン層破壊係数 (ODP) の小さい代替フロン (R410Aなど) が現在では使われている．フロン系の物質は人造の物質であるが，天然の物質を冷媒とするヒートポンプも商品化されている．たとえば，エコキュート (家庭用ヒートポンプ式給湯機) では，天然の物質であるCO_2を冷媒として使用している．なお，代替フロンも含め空調・冷凍機器に使用されているフロン冷媒には，オゾン層破壊の防止と地球温暖化防止の観点から，機器の廃棄処分を行う場合には，機器の残留冷媒を回収・破壊することが法律で義務づけられている．

さて，最初に暖房における冷媒の挙動を説明する．家庭用エアコンは，屋外に設置される室外機，室内に設置される室内機，両者を結ぶ冷媒配管などから構成されていることは，誰もが知っていることである．暖房の場合，室外機を①蒸発器として，室内機を③凝縮器として作動させる．そうすれば，冷媒は図8-2 (a) に示すように，①蒸発器→②圧縮機→③凝縮器→④膨張弁→①蒸発器→…の順に循環する．屋外に置かれている①蒸発器では圧力が低いので，冷媒は液体から気体に相変化する．このとき，冷媒は蒸発熱として蒸発器周囲の大気から熱を奪う．それゆえ，蒸発器は低温 ($-20\sim0°C$) になる．気体になった冷媒は，②圧縮機によって圧縮されて，高温 ($80°C$程度) 高圧になって，③凝縮器に移動する．室内に置かれている③凝縮器では，この高温高圧の気体の冷媒が室内空気に凝縮熱を放出して液体に戻る．ゆえに，ファンで凝縮器に風を送れば，凝縮熱が温風となり室内を暖房する．液体に戻った冷媒は，④膨張弁 (家庭用のエアコンなどではキャピラーチューブと呼ばれる細い管を渦巻き状に巻いたものがこれに相当する) を介して減圧され，絞り膨張の原理によって蒸発し，再び①蒸発器に移動する．これが，圧縮式ヒートポンプにおける「冷凍サイクル」と言われる，冷媒循環の様相である．

一方，冷房時は図8-2 (b) に示すように，室内機を①蒸発器として，室外機を③凝縮器として作動させる．そうすれば，冷媒は，暖房時と同様に，①蒸発器→②圧縮機→③凝縮器→④膨張弁→①蒸発器…の順に循環することになる．しかし，図8-2の(a)と(b)を比べてわかるように，冷房時には四方弁が切り替えられているので，エアコンの内部における冷媒の流れとしては，暖房時とは向きが逆になる．

8.3 ヒートポンプのエネルギー効率

8.3.1 理想サイクルにおけるCOP

ヒートポンプのエネルギー効率を暖房時を例にして説明する．暖房の設備や機器には実にさまざまなものがあるが，その大半は石油・ガスなどの化石燃料の燃焼によって温熱を得るものである．また，電気が安価な地域や時間帯であれば，電熱ヒーターで温熱を得る機器も多数使用されている．しかし，以下に示すように，ヒートポンプのエネルギー効率はこうした既往の主たる暖房機器のそれよりはるかに高いのである．

詳しい説明は専門書[1]に譲るが，摩擦などによるエネルギー損失が存在しない，理想的な状況で稼働する(理想サイクルにおける)ヒートポンプにおいては，次の2式が成立する．

$$Q_H = Q_C + L \tag{8.1}$$

$$\frac{Q_H}{Q_C} = \frac{T_H}{T_C} \tag{8.2}$$

ここで，

Q_C＝ヒートソースから取り出される熱量 [W]
Q_H＝ヒートシンクで放出される熱量 [W]
L＝ヒートポンプを稼働させるための仕事 [W]
T_C＝ヒートソース(熱が取り出される環境)の絶対温度 [K]
T_H＝ヒートシンク(熱が放出される環境)の絶対温度 [K]

である．この状況を，住宅などの暖房と冷房に当てはめると，上記の諸量は図8-1のように図示される．ヒートポンプの性能(エネルギー効率)は[出力した熱]÷[入力した仕事]で表され，動作係数とか成績係数(COP = coefficient of performance)と称されている．であるから，COPは，式(8.1)と式(8.2)を用いれば，次式で示される．

$$COP_H = \frac{Q_H}{L} = \frac{T_H}{T_H - T_C} \tag{8.3}$$

$$COP_C = \frac{Q_C}{L} = \frac{T_C}{T_H - T_C} \tag{8.4}$$

ここで,

COP_H＝暖房時のCOP

COP_C＝冷房時のCOP

である．T_Cを横軸に，T_Hをパラメータとして，式 (8.3) で示される暖房時のCOPを図8-3に図示した．T_Hは熱が放出される環境の温度であるから，暖房時においては暖房されている室の温度と解釈される．図8-3によれば，仮に$T_H = 30$℃と，かなり高温に暖房しても，COPは全般的に非常に大きな数値となる．$T_C = 7$℃ (エアコンの試験に用いられる外気温度) のときでCOPは13くらいである．

しかし，現実のエアコンでは，COPは最高のものでも7を下回る．上記のような理想サイクルのヒートポンプと現実のヒートポンプにおいて，このようにCOPが大きく乖離することには，2つの原因が考えられる．1つは，電動式

図8-3 ◆ 理想サイクルにおけるヒートポンプのCOP

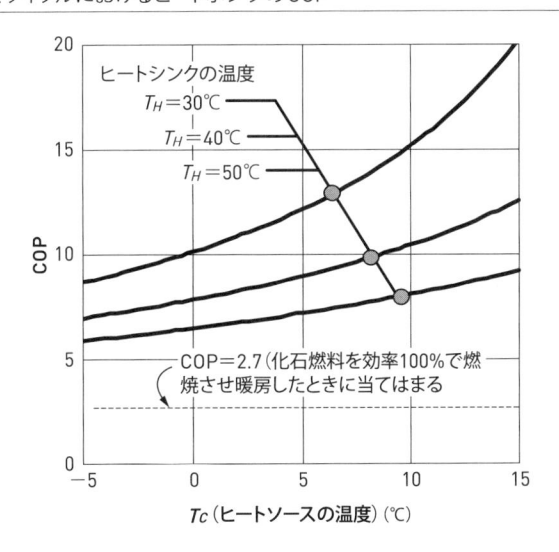

ヒートポンプで使われる電動圧縮機(コンプレッサー)のエネルギー効率が，摩擦力などによるエネルギー損失のために100%にならず，現実は70〜80%であるからである．電動式ヒートポンプでは，式(8.3)のLを消費電力E[W]に単純に置き換えてCOPを定義するが，EはLより20〜30%大きく，そのためにCOP_Hは低下する．2つ目は，蒸発器と凝縮器において熱が周囲の環境とやり取りされるときの温度の問題である．理想サイクルでは，この熱交換を，冷媒と周囲環境との温度差がゼロでも行えると仮定しているが，もちろん実際にはこのような熱交換はありえない．熱交換器である蒸発器と凝縮器は，有限の熱交換面積しか持つことができないので，どうしても冷媒の蒸発温度(あるいは凝縮温度)は周囲環境温度よりかなり低く(あるいは高く)なり，冷媒と周囲環境はかなりの温度差を持つことになる．つまり，式(8.3)で言えば，T_HとT_Cは周囲環境温度ではなく冷媒温度で与えられるべきであるということになり，T_Hは高く，T_Cは低く修正しなければならない．式(8.3)の右辺は分母と分子をT_Hで除せば，$COP_H = 1/(1 - T_C/T_H)$となるので，T_HとT_Cに関するこの修正はCOP_Hを低めに修正する結果になる．COP_Cにおいても，式(8.4)を用いれば同様な推察が可能であり，COP_Cを低めに修正しなければならない．

8.3.2　部分負荷効率

前項の記述によって，ヒートポンプのエネルギー効率は外気温や室温にかなり依存することがわかった．しかし，ヒートポンプのエネルギー効率はもう1つ，ヒートポンプの部分負荷運転によっても大きな影響を受ける．暖冷房においては，住宅用であれ業務用のビルであれ，暖冷房に必要な熱量(熱負荷)は年間を通してみると大きく変動している．たとえば，暖冷房の開始のときや真夏・真冬には熱負荷は大きくなる．それに対して，暖冷房が開始されて十分に時間が経過し室温が設定温度に近くなったときや，春秋では熱負荷が小さくなる．ヒートポンプは熱負荷が大きく変動しても一定のエネルギー効率(つまりCOP)で稼働することが望まれるが，現実には一定にならず，小さな熱負荷になると圧縮機の効率低下などによってヒートポンプの効率は低下する．さらに，熱負荷がもっと小さくなれば，ヒートポンプの圧縮機は運転を停止する

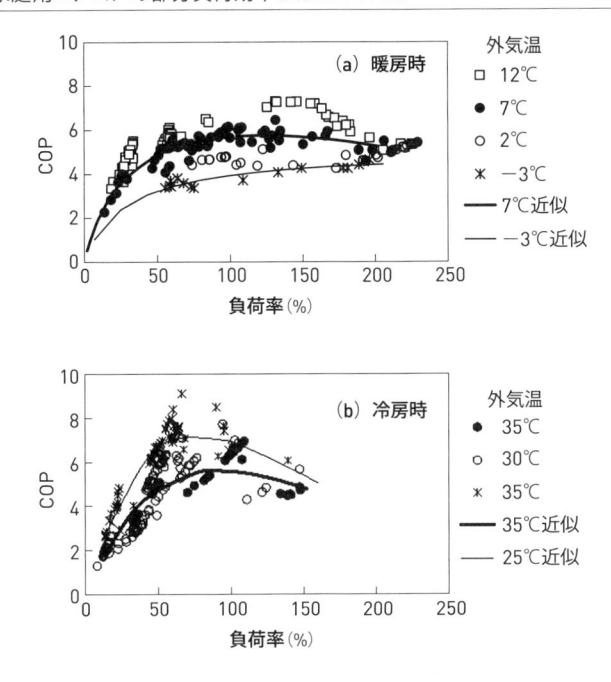

図8-4 ◆ 家庭用エアコンの部分負荷効率(実験室での実測データ)

が，再び負荷が発生するとまた稼働し始める．こうした断続的な運転を繰り返す状況では，再稼動時に起動エネルギーが必要になるのでヒートポンプの効率はさらに低下する．自動車が，停止せず定常走行すれば非常に高い燃費で走行するが，信号が多い市内道路などでは，断続走行になるのでエンジンがアイドリング状態になる時間が増えてしまい燃費が低下するのと類似している．

図8-4は，家庭用エアコンの暖房時と冷房時の部分負荷効率(COPで効率を表示)を実験室において実測した例[2]である．横軸の負荷率とは，その時点の熱負荷を定格負荷で除した数値である．定格負荷とは機械(ここではヒートポンプ)を設計するときに基本となる熱負荷のことであり，通常の機械は定格負荷に対して効率が最大になるように設計されている．部分負荷とは定格負荷より小さな負荷という意味であり，負荷率でいえば数十％以下の負荷に対してよく用いられる．図8-4は，ヒートポンプのエネルギー効率が，負荷や外気温の変化に対して，変化するものであることをよく示している．ヒートポンプは，負荷

率や外気温が適切な範囲であれば，確かにエネルギー効率は非常に高い．しかし，そうした範囲を大きく外れてしまえば，効率は低下するものであることを認識しておかねばならない．

　このような部分負荷時におけるヒートポンプの効率低下に対して，優れた設備設計者は従前よりいくつかの対策を講じてきた．たとえば，業務ビル用の冷凍機では，台数分割制御[*1]や蓄熱システム[*2]を導入して対応してきた．

　こうした対応に加えて，さらに近年ではインバーターという電気回路を用いてモーターの動力を制御する技術がヒートポンプの圧縮機にも安価に導入され，家庭用のエアコンから大きなビルのターボ冷凍機まで，負荷率が10～20％までなら部分負荷効率があまり低下しないヒートポンプが販売されるようになった．図8-4の家庭用エアコンもそのようなヒートポンプの1つであり，旧来のものに比べれば，部分負荷効率は格段に向上している．また，政府の指導により，カタログなどにおける効率の表示において，APF（annual performance factor）という部分負荷効率と実際の熱負荷の頻度を考慮したCOPも表示することが義務づけられるようになった．

8.3.3　1次エネルギー効率と大気熱利用

　さて，ヒートポンプのエネルギー効率は，ここまではCOPで表してきたが，COPだけでは灯油などを燃焼させる他の暖房機器の効率との比較ができない．使用するエネルギーが電気であっても化石燃料であっても，同じ土俵で比較できる尺度があれば，省エネルギー性を判断する上で都合がよい．こうした異なるエネルギー間の消費量や省エネルギー性能の比較のために，日本では「1次エネルギー消費量」という物理量が用いられ，比較が行われている．また，エネルギー効率に関しても，分母の入力エネルギーを1次エネルギーに換算して計算したものを「1次エネルギー効率」という．

[*1] 1台の大きな冷凍機を設置するのではなく，小さめの冷凍機を2台あるいは3台設置し，低負荷に対しては1台の冷凍機だけを稼働させる制御方式．
[*2] 小さめの冷凍機を1台設置し，負荷が発生しない深夜もこの冷凍機を，効率が低下しない高効率で稼働させて，冷熱を造って蓄えておき，昼間に使うシステム．

表8-1 ◆ 各種燃料と電気の1次エネルギー換算係数

燃料/エネルギーの種類	1次エネルギー換算係数
ガス(都市ガス，LPガスなど)	50 MJ/kg
灯油	37 MJ/リットル
重油	41 MJ/リットル
石炭(輸入原料炭)	28.9 MJ/kg
電気	9.76 MJ/(kW・h)

出典：『経済産業省・国土交通省告示第3号』(2009)

　第1章において既に説明したが，1次エネルギーとは元々の化石燃料を燃焼させたときに取り出せる熱エネルギーとして定義されるものである．であるから，ガスや灯油の場合は単純明快であり，表8-1に示すような換算係数を用いて，化石燃料の消費量から1次エネルギーを算出できる．問題は，電気（電力）であるが，第1章で述べたように，日本の省エネ法では，電力はすべて火力発電によって製造されるものと仮定して，1次エネルギーに換算するルールになっている．これは単純でわかりやすいルールである．しかし，この換算ルールは，原子力発電や水力発電に対しては，核燃料資源や水力資源の保護という意味はあっても，物理学的な意味を見出せない．今後，再生可能エネルギーである太陽光や風力の発電量が増加し，電力会社が販売する電力にもこれらの化石燃料起源ではない電気が大量に含まれるようになった場合には，このようなルールは修正を迫られるであろう．日本における電力の1次エネルギー換算係数（つまり，電力消費量であるkW・hをMJ（メガジュール）に換算する係数）は，表8-1にも示す通り，約9.8 MJ/(kW・h)である[*3]．1 kW・h＝3.6 MJであるので，この係数の意味することは，火力発電所のエネルギー効率を3.6 MJ÷9.8 MJ＝36.8％とすることと同等である．第1章でも書いたが，このことは日本の省エネ法におけるルールであって，全世界で通用するルールではない．また，火力発電所のエネルギー効率について言えば，最新の火力発電所ではコンバインドサイクルの活用などによって効率は向上しており，優れた火力

[*3] 深夜電力の消費量に対する係数は，この数値とあまり差はないので，ここでは用いない．また，これは送電損失も考慮された数値である．

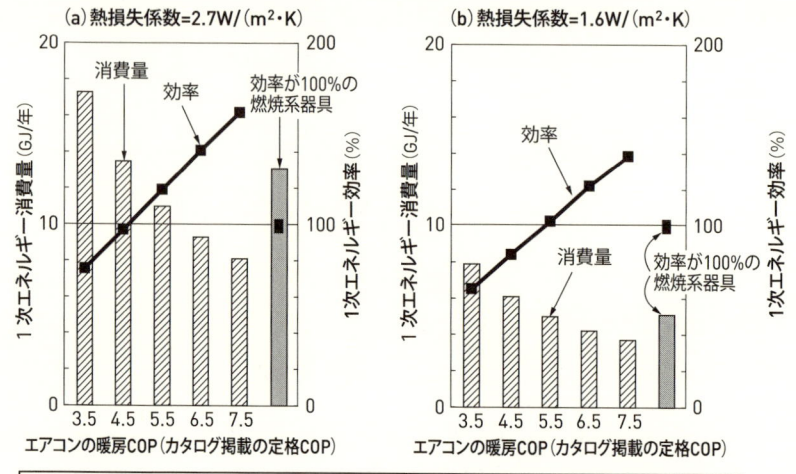

図8-5 ◆ 家庭用エアコンで暖房した場合の年間1次エネルギー消費量

(a) 熱損失係数=2.7W/(m²·K)　　(b) 熱損失係数=1.6W/(m²·K)

【共通の計算条件】Ⅳb地域，間欠暖房，暖房定格能力=2.5kW，暖房最大能力=6.1kW

発電所のエネルギー効率は50％を超えている．

　以上によって，エアコンなどの電動圧縮式ヒートポンプのエネルギー効率を1次エネルギー効率として表し，燃焼式の暖房器具のそれと比較することが可能になった．ただし，ヒートポンプでは，8.3.2項で述べたように，効率が外気温や部分負荷に依存することも勘案しなければならない．図8-5は，政府の住宅事業建築主の省エネルギー基準において提示されている計算方法[3]に従って，家庭用エアコン（ヒートポンプ）の暖房期間中の1次エネルギー消費量と効率を示したものである．比較のために，1次エネルギー効率が100％の燃焼系暖房器具のそれも示した．図に示すように，エアコンの1次エネルギー効率は，定格COPが5.5以上であれば100％を上回るケースが多く，エアコンによる暖房は非常にエネルギー効率が高いと言える．ただし，断熱性が高く暖房負荷が小さいのに，エアコンの機器容量が大きすぎると部分負荷効率の低い領域での運転時間が長くなり，結果として暖房期間中の効率が悪くなるので注意が必要である．

　それでは，なぜヒートポンプでは効率が100％を上回るかと言えば，それは8.2.1項で述べたように，ヒートポンプは熱を製造する機械ではなくて，熱を

移動させる機械だからである．外気をヒートソースとするエアコンの暖房では，ヒートポンプは外気の熱を寄せ集め，暖房用の熱として室内に搬送している．地球上では，外気は主に太陽熱によって暖められ，温度を維持していると考えられるから，エアコンによって暖房用に提供されている温熱のかなりの部分は間接的な太陽熱であるとも解釈できる．このことが，ヒートポンプによる大気の熱の利用が「再生可能エネルギー」の利用と解釈できる根拠である．しかし，実際には，火力発電における化石燃料の消費があるのであるから，ヒートポンプが製造したすべての温熱を再生可能エネルギーの利用で得たものと見なすわけにはいかない．製造した全温熱エネルギーから発電のために消費した1次エネルギーを差し引き，残ったエネルギーを，再生可能エネルギーを利用して得た温熱エネルギーと解釈するのが妥当と思われる（図8-5を参照）．

参考文献

1) 熱力学（JSMEテキストシリーズ），日本機械学会，丸善，2002．
2) 田中・坂本ほか，日本建築学会大会学術講演梗概集，D-2，環境工学Ⅱ，p.213〜216，2007．
3) 住宅事業建築主基準の判断の基準におけるエネルギー消費計算方法の解説，（財）建築環境・省エネルギー機構，2009．

エピローグ

── 建築の熱環境設計へ展開するために

　本書では建築熱環境の基礎的理論と応用の一端を述べた．しかし，建築学という非常に広い領域で考えると，理論の構築や室温などの予測だけでは，「事はまだ半ば」である．建築には設計そして施工という大ビジネスがある．建築の断熱性や日射遮蔽性に関して明らかにした知見などは，実際の設計においてこそ活用されなければ，明らかにした目的が消滅してしまう．

　建築熱環境設計における目標は，日本の場合，住宅であれ業務用ビルであれ，冬暖かく夏涼しい建物ということになろう．大きな建築の内部ゾーン（インテリアゾーン）を除けば，建物の大部分（つまり，ペリメーターゾーン）は，冬は低い外気温によって低温が，夏は日射熱の侵入によって高温がもたらされる．それゆえ，冬は暖房が，夏は冷房が必要になる．これが過去の常識である．その常識を少しでも崩そうというのが本書の目的である．つまり，本書が示す手法や知見を用いて適正な熱環境設計を行い，寒波や熱波の時期を除けば，暖冷房を行わなくてもすむ建物を設計・建設しようということである．

　しかし，そのためには本書の記述と内容だけでは十分でない．実際の設計を確実にかつ自信をもって行うためには，より細かいデータや情報が必要になる．窓を高断熱の窓に設計変更したら，窓際に座っている人は寒波が襲来した午前に寒さを本当に感じないのか，さらに年間の暖房費はどれくらい安くなるのか？　建築設計者は実は即刻答えがほしいのである．こうした要求に応えるにはコンピュータツールを駆使する以外に方法は存在しない．つまり，シミュレーションを手軽にできるようにすればよいのであるが，これが残念ながら，まだ手軽にやれるというところまでには至っていない．

　建築熱環境の分野では多数のコンピュータシミュレーションツールがすでに

開発されている．数値流体シミュレーション（CFD），熱負荷シミュレーション，温度・換気回路網シミュレーション，壁体内の熱湿気同時移動シミュレーション，空調設備のシステムシミュレーションなどにおいて，優れたツールがいくつか開発されている．しかし，通常の建築や設備の設計においては，こうしたシミュレーションツールはほとんど使われていない．予算が豊富にある建築や設備の設計，研究開発，新商品の開発，認定や評定の取得など特別な目的がある場合にのみ，シミュレーションが行われる．シミュレーションの多くは，煩雑で面倒なものであるので，費用と労力が掛かるだけと見なされ，一般の設計においては誰もこれをやろうとしない．建築基準法や省エネ法などの法律は，すべて最低レベルを要求するものであって，より高いレベルや良い建物を求めるものではないので，こうした法律に対する適合性のチェックにはシミュレーションは馴染まないものとされている．しかし，こうしたジレンマを解決し，どんな設計者でも手軽に安い経費でシミュレーションができて，一般的な建築・設備であっても優れたものを設計できるようになるのが，我々，建築環境工学を専攻している人間の理想の1つである．

さて，本書を執筆中に，東北地方太平洋沖地震が発生し，東日本に未曾有の被害をもたらした．東京電力福島第一原子力発電所が原子炉の冷却不能に陥り，水素爆発によって放射性物質が周辺地域に放出された．そのために原子力発電の将来が世界的に論議される状況になった．特に，日本においては，しばらくは原子力発電を増加させることが不可能な社会的状況になり，省エネルギーと再生可能エネルギーの利用が一層注目を集めるものと予想される．第1章で述べたように，日本の目標は「低炭素社会」であって，21世紀の建築の目標も「サステナブル建築」である．建築熱負荷の削減と設備の省エネルギーはサステナブル建築や低炭素社会の第一歩である．本書がこの目標を実現するための一助になれば，幸甚である．

2011年7月

坂本雄三

索引

[**あ行**]

アクティブ技術　15
アクティブソーラーハウス　105, 107
圧縮機　142, 143, 146, 148
圧縮式ヒートポンプ　141-143
アルゴン　55
1次エネルギー　10, 149, 151
　　――換算係数　149
　　――効率　140, 148, 150
　　――消費量　148, 150
1次元熱拡散方程式　132
緯度　89, 91
移動水蒸気　115
移動速度　128
移流型結露　123
インテグレート　139
インバーター　148
内断熱　122
内付ブラインド　60
エアコン　140, 141, 143, 150, 151
エコキュート（家庭用ヒートポンプ式給湯機）　143
エネルギー効率　140, 142, 144, 146-150
エネルギー消費量　108
エネルギーの使用の合理化に関する法律　74
エンタルピー　115
エントロピー増大の法則　36
オイルショック　74
応答係数法　132
オゾン層破壊係数（ODP）　143
オーバーヒート　106

温室効果ガス　6, 7
温度境界層　39, 46
温熱感覚　19, 22, 27, 28, 30-32, 38
　　――要素　22, 28, 30-32
温熱環境指標　27, 32, 33
温熱負荷　73
温冷感　22

[**か行**]

外気温　35, 102, 147
外気（換気）負荷　73
快適性　74
　　――と省エネ性　139
外皮（envelope）　36, 57, 58, 60, 61, 66, 74, 79, 82, 83, 116, 119, 120, 124, 139
　　――の気密性　80
開放型暖房器具　116, 118
化学物質汚染　79
夏期日射取得係数　75, 83, 84
夏期方位係数　83, 84
拡散型結露　123
拡張デグリーデー法　77
可視域（可視光域）　89, 107
加湿　63
　　――量　118
化石燃料　10, 140, 144, 148, 149
　　――の消費　151
活動状態　22
家庭用エアコン　147, 148, 150
カビ・ダニの繁殖　111
火力発電　149
カルノーサイクル　142
換気　36, 55, 115

──回数　56, 57, 79, 80, 118
　──に伴う水分輸送　115
　──に伴う輸送熱　36, 55-57, 66
　──量　56, 67, 117
環境負荷　1, 2, 5, 12
含湿率　127
含水率　125, 128
完全混合の仮定　38, 39
乾燥　126
　──空気　113, 115, 117
　──状態　126
慣用値　54, 60
貫流熱　36, 40-42, 60, 66, 102
貫流負荷　73
機械換気　55
期間暖房負荷　77
期間負荷　73
期間冷房負荷　83
基準温度　55
気泡コンクリート　126
気密化　81-83, 125
　──工事　82
気密シート　82, 124
気密性　80, 82, 83, 123, 129
　──測定装置　80
逆カルノーサイクル　142
キャピラーチューブ　143
吸湿　128
　──性　120
吸収　57, 94
　──式ヒートポンプ　141
　──率　57
　──冷凍機　141
吸着等温線　128
給湯機　140
吸放湿　118, 126
　──性　126, 128
供給熱量　73
凝結　113
凝縮　63, 64
　──温度　146

　──器　142, 143, 146
　──熱　63, 143
京都議定書　6-8, 74
極射影　93
気流止め　83, 124
キルヒホッフの法則　134
均時差　91
金属製熱遮断構造　55
空気集熱型　107
空気層　46, 47
傾斜角　97, 100
継承　4
珪藻土　126
形態係数　26, 98, 100, 101
経度　91
外界湿度　35
外界放射　87
　──量　93
血流量　21
結露　111, 116, 118-126
　──現象　111
　──被害　123
　──防止　111
ケルビン　16
健康性　74
原子力発電　149
建築光環境　89
顕熱負荷　72, 73
剛床工法　82
構造熱橋　52, 53
構造用合板　83, 124
高断熱　135
国際単位　16
黒体　89
黒球温度　51
　──計（グローブ温度計）　26, 27
混合比　113
コンバインドサイクル　149
コンピュータシミュレーション　133

[さ行]

再生可能エネルギー（renewable energy）
　　　107, 140, 149, 151
最大負荷　73
再放射　57
サステナブル建築　5, 139, 140
差分法　132
作用温度　26, 27, 30, 51
産熱　20
　　──量　21
散乱　93, 94
残留冷媒　143
シェルター　11-13
時角　89
時間負荷　73
試験材料　128
次世代（省エネルギー）基準　74, 75, 83
自然換気　55
自然室温　65, 72
自然との共生　4
室温　35, 36, 38, 41, 49, 67-69, 87, 133-136, 146
　　──上昇　134
　　──変化　134, 135
　　──変動率　134
室外機　143
湿球温度　113
湿球計　113
シックハウス　79
湿気　64, 111, 126
　　──貫流　115
　　──貫流率　117
　　──伝達抵抗　117
　　──伝導率　117
実効放射　102
実質熱貫流率　52-54, 60-62
湿度　111
室内温度　126
室内側表面温度　120
室内側表面熱伝達抵抗　120

室内機　143
室内気候　12
室内空気温度　38
室内湿度　111, 118
室内発熱量　133
室の熱容量　106, 133-135
質量保存則　55
四方弁　143
絞り膨張　143
湿り空気　113, 115
　　──線図　113, 115
遮熱ガラス複層　60
遮熱性　83
遮熱塗料　103
遮蔽物　59
住宅事業建築主の省エネルギー基準　150
住宅性能表示制度　75
住宅の省エネルギー基準　15, 65, 71, 74
充填断熱　54
集熱部位　105
重量含水率　128
取得性能　71
ジュール　16
瞬時定常　131
　　──伝熱モデル　66
瞬時負荷　73
省エネ性　140
省エネ法　74, 149
省エネルギー　4, 6, 139
　　──基準　73, 83
　　──性能　74, 148
省資源と循環　4
上昇気流　82
蒸発　63, 64
　　──温度　146
　　──器　142, 143, 146
　　──潜熱　115, 118
　　──熱　63, 143
蒸発冷却　15
正味の長波放射　101
除去熱量　73

除湿　63
　　——量　118
人体における熱的な負荷　21
人体熱収支　30
人体熱負荷　32
人体の活動程度　23
人体の熱収支　20
真太陽時　89, 91
真の熱伝導率　45
水蒸気　113
　　——圧　113, 117
　　——の移流　123
　　——の凝縮　111
　　——発生量　118, 121
　　——分圧　113
水素結合　126
水滴　120
水分　111, 113
　　——移動　64, 128, 129
　　——収支式　118
　　——（水蒸気）の発生　119
水平面全天日射　97
　　——量　68, 94, 97, 108
水力発電　149
数値シミュレーション　131
数値流体力学（computational fluid
　　dynamics: CFD）　47
隙間風　79, 80
ステファン・ボルツマン定数　47, 101
ステファン・ボルツマンの法則　47
スペクトル　87, 89
スマートグリッド　109
生活行為　115
成績係数（coefficient of performance:
　　COP）　144
ゼオライト　126
赤外域　89
絶乾状態　128
設計室温　72, 77
設計用の慣用値　52
絶対湿度　113, 115, 117, 118-120, 121

設置角度　108
全天日射　94
　　——量　100, 108
潜熱　37, 63, 64
　　——暖房負荷　118
　　——負荷　73, 111, 118
　　——冷房負荷　118
総合着衣量　24
総合熱伝達抵抗　50, 52
総合熱伝達率　38, 49-51
相対湿度　22, 111, 113, 118, 128
相当外気温　102
相当隙間面積　75, 79, 80, 83
相変化　63, 143
外断熱　123
外付ブラインド　60
外張り断熱工法　82
ソーラーハウス　87, 103, 105-107
損失熱　69
ゾンターク（Sonntag）式　114

［た行］

体感温度　38
大気　94
大気透過率　94, 97
大気熱源　140
大気熱利用　148
大気の消散係数　94
大気の清浄度　93, 94, 97
大気の熱　151
大気放射　35, 87, 100-102
耐久性　74, 125, 129
代謝　20
　　——量　21, 23, 28, 32
台数分割制御　148
代替フロン（R410A）　143
太陽位置　89, 98
　　——図　93
太陽エネルギー　57, 89, 105
　　——利用　140
太陽高度　89, 94, 98

太陽光発電　6, 107, 108
　　——システム　107
　　——装置　108, 109
　　——パネル（太陽電池パネル）　107, 108
太陽赤緯　89
太陽定数　89, 93, 94
太陽電池　107
　　——パネル（太陽光発電パネル）　107, 108
太陽南中時　91
太陽熱　89, 151
　　——集熱器　107
　　——利用　103, 107
太陽方位角　89
太陽放射　87
対流（convection）　36, 46, 57, 140
　　——成分　49-51
　　——伝熱　38
　　——熱伝達　47
　　——熱伝達率　26, 47, 49
ダイレクトゲイン型　106
多孔質　39, 43, 45
　　——材料　126
タスク・アンビエント空調　33
ターボ冷凍機　148
断続的な運転　147
単独着衣量　24
断熱　139
　　——欠損部　122
　　——工法　122
　　——材　45, 53, 82, 122, 123
　　——性　82, 119, 121
　　——部位　106
　　——飽和温度　113
　　——補強　122
短波放射　87
単板ガラス　55
暖房　134, 135, 139, 141, 143-145, 151
　　——エネルギー　77
　　——開始気温　77
　　——デグリーデー　76

　　——熱量　135
　　——負荷　72, 73, 76
暖冷房　72, 73
　　——設備　139, 140
　　——設備の容量　73
　　——用のエネルギー消費　74
地域区分　76
地球温暖化　6
　　——防止条約（COP3）　6
　　——問題　6
地球環境・建築憲章　4
地球環境問題　2-5
蓄電池　109
蓄熱　36, 37, 63, 66, 68, 131, 133, 134
　　——システム　148
　　——性（熱容量）　131
　　——体　63
　　——部位　105, 106
　　——負荷　73
　　——量　63
地中熱源　140
着衣状態　22
着衣量　22, 25, 28, 32
中央標準時　91
中空層　46, 47, 49, 50
中立状態　21
長寿命　4
長波吸収率　101
長波放射　87, 89, 100, 102
直達日射　87, 93, 94, 97, 98, 100
直列　41
通気層　125, 126
通風　15
月別負荷　73
定圧比熱　115
低温部　119
定格負荷　147
定常伝熱モデル　65, 66
定常モデル　66, 68, 135
低炭素社会　7, 75, 109
低断熱　135

低放射ガラス複層　55, 60
電気回路　41, 133
電気抵抗　133
電気容量　133
天空日射　87, 93, 94, 96, 97, 102
天井冷房　33
伝導　36, 140, 141
電動圧縮機（コンプレッサー）　146
電動（圧縮式）ヒートポンプ　145, 146, 150
電動モーター　141, 142
電熱ヒーター　144
伝熱モデル　37, 133
伝熱要素　36
電力需要　108
等SET線　30
透過　57, 129
等価気温　51
透過性能　71
透過成分　57, 60
透過日射　37, 57-59, 133
透過率　57, 60
冬期日射取得係数　84, 85
冬期方位係数　85
動作係数　144
透湿　115, 117, 118, 123
　──型結露　123, 125
　──性　123
　──の駆動ポテンシャル　117
　──量　120
透湿防水シート　129
透湿防水層　54
動的（非定常）解析　132
透明外皮　59
動力　142
度シー（℃）　16
閉じる技術　15
土着建築　13, 14
トロンブウォール型　106

［な行］

内部結露　123, 124

内部発熱　37, 62, 66, 67, 69, 77
内部負荷　73
永田の式　97
夏型の内部結露　125
二酸化炭素（CO_2）　2, 6, 8, 143
2次エネルギー　8
2次元伝熱計算　53
日別負荷　73
日射（太陽の放射熱）　35, 57, 77, 87, 102, 125
　──エネルギー　94
　──吸収率　61, 102, 103
　──計　94
　──遮断係数　58
　──遮蔽　71, 139
　──遮蔽性（能）　71, 83
　──取得係数　59, 68, 74, 83, 84, 87
　──取得性能　71
　──取得熱　57, 58, 66
　──取得率　58
　──侵入率　58-60, 62, 102
　──透過率　59
　──熱　37, 58, 59, 71, 106
　──の直散分離　97
　──負荷　73
　──量　57, 66, 69, 93, 97, 102, 103
日赤緯　89, 91
入射角　59, 98
　──特性　59, 60
熱移動　128, 129
熱回路近似　133
　──モデル　134
熱回路網　133
熱拡散　140
　──係数（温度伝播率）　132
　──方程式　132
熱貫流抵抗　42, 61, 120, 121
熱貫流率　40-42, 52, 53, 117, 121
熱橋　40, 53, 54, 121, 122
　──係数　53
　──係数 β　54

――部　121
熱源（ヒートソース）　140
熱交換　146
　　――器　146
熱コンダクタンス　43
熱収支　66
熱水分同時移動　128
　　――方程式　128
熱性能指標　65
熱線吸収板ガラス　58
熱線反射ガラス　58
　　――単板　60
熱損失係数　68, 74, 75, 77, 133
熱損失量　69
熱抵抗　24, 41-43, 46, 134
熱的ストレス　139
熱伝達（heat transfer）　46, 49, 140
　　――抵抗　46, 61
　　――率　26, 46, 49, 50, 53
熱伝導（heat conduction）　46, 132
　　――比抵抗　43
　　――方程式　132
　　――率　42, 43, 45, 46, 121, 122, 132
ネットゼロエネルギー建築（ZEB）　87,
　107-109
熱負荷　72, 73, 133, 146-148
熱容量　63, 135
年間2次エネルギー消費量　108
年間暖房負荷　77
年間負荷　73
燃焼　144
　　――式の暖房器具　150
　　――利用　140

[は行]

パーソナル空調　33
発汗　115
パッシブ技術　15
パッシブソーラー　105
　　――ハウス　105, 106
発生水蒸気　115

発電機　133
発電効率　107-109
発電容量　109
発電量　108
パワーコンディショナー　107
反射　57, 93
　　――日射　98
　　――率　57, 59
搬送媒体　107
判断基準値　73
ヒステリシス　128
非多孔質　43
非定常熱伝導方程式（熱拡散方程式）　132
非透湿　129
ヒートシンク　144
ヒートソース　144, 151
ヒートポンプ　140-148, 150, 151
比熱　56, 63, 132, 134
表面温度　120
表面結露　119-122
表面層　46
表面総合熱伝達率　102
日除け　84
開く技術　16
風速　22
風塔　13
不快指数　27
負荷率　147, 148
腐朽　111, 123, 125
ブーゲ（Bouguer）の式　94, 96
腐食　123, 125
付設温室型　106
普通ガラス単板　60
普通ガラス複層　55, 60
不透明外皮　60-62, 102
部分負荷　147, 150
　　――運転　146
　　――効率　146-148, 150
　　――時　148
プラスチック製サッシ　55
ブラント（Brunt）の式　100

フーリエの熱伝導　42
フーリエの法則　42, 46, 132
フロン冷媒　143
分子吸着　126
平均作用温度　38
平均太陽時　91
平均熱貫流率　53
平均放射温度　22, 25-28, 32
平衡含水率　128
　　──曲線　128
平行平板間（中空層）　47
壁体結露　63
壁体中の水分　125
壁体内気流　81-83, 123
壁体内結露　81, 123, 124
ペリメーター　73
ベルラーゲ（Berlage）の式　94, 96, 97
方位角　97, 98, 100
方位係数　68, 71, 83-85
放湿　128
防湿　111
　　──・気密層　123, 125
　　──性　82, 123, 129
　　──層（防湿シート）　54, 123
放射（radiation）　36, 46, 57, 87, 140
　　──授受　46
　　──成分　49, 50
　　──暖冷房　33
　　──伝達　47
　　──伝熱　38
　　──熱伝達　47, 50
　　──熱伝達率　26, 47, 49, 51, 100
　　──の等価温度差　102
膨潤　125
防暑性　84
防水紙　129
法線面直達日射量　94, 97
膨張弁　142, 143
防露　111
　　──対策　123
飽和水蒸気圧　111, 113, 126

飽和絶対湿度　113, 120
保温性　69, 77, 135
ポスト京都議定書　7
ポリエチレンシート　82

［ま行］

松尾の式　114
抹消血管　21
窓面積　74
水集熱型　107
密度　132
民生部門消費　7
毛管凝縮（毛細管凝縮）　127
毛細管　126
木質系材料　126
木造軸組工法　82, 83, 123

［や行］

夜間放射　87, 100-102
有効温度　27
床暖房　33
容積比熱　63, 134
容積比率　45
予測不満足率（PPD）　31

［ら行］

理想サイクル　144, 145
理論直達日射量　93
理論天空日射量　93
冷蔵庫　140
冷凍機　141
冷凍サイクル　143
冷熱負荷　73
冷媒　143, 146
　　──温度　146
　　──配管　143
冷房　139, 141-144
　　──負荷　72, 73
レースカーテン　60
劣化　111
漏気　36, 55, 80-82

——熱損失　79
露点温度　113, 120

[わ行]

枠組壁工法　83
ワット　16
ワットアワー　16

[欧文]

APF（annual performance factor）　148
ASHRAE（米国冷凍空調工業会：アシュレイ）の標準条件　28
CASBEE（キャスビー）　5
CO_2　2, 6, 8, 143
COP　144-146, 148
COP3　6
Gagge, A. P.　30
HAVC　5
IPCC　6
met（メット）　23
mmHg　113
PAL（年間熱負荷係数）　73, 77
PMV（予測平均申告）　27, 31-33
R200基準　78
SET（標準有効温度）　27, 28, 30, 31, 33
ZEB（ネットゼロエネルギー建築）　87, 107-109
ZEH　108

著者略歴
東京大学大学院工学系研究科教授（建築学専攻）
1948年　生れる
1971年　北海道大学理学部地球物理学科卒業
1978年　東京大学大学院工学系研究科建築学専攻博士課
　　　　程修了（工学博士）
同　年　建設省建築研究所入所
1990年　名古屋大学工学部建築学科助教授
1994年　東京大学大学院工学系研究科助教授（建築学専攻）
1997年より現職
（社）空気調和衛生工学会会長，国土交通省・社会資本整備審議会（環境部会・建築部会）臨時委員，経済産業省・ゼロ・エミッション・ビルの実現と展開に関する研究会・委員長，環境省・中央環境審議会地球環境部会フロン類等対策小委員会・委員など歴任

主要著書
『新・住まい学』（共著，日経BP，2004），『省エネ・温暖化対策の処方箋』（日経BP，2006）ほか多数

建築熱環境

2011年10月20日　初　版

［検印廃止］

著　者　坂本雄三
　　　　（さかもとゆうぞう）

発行所　財団法人　東京大学出版会

代表者　渡辺　浩
　　　　113-8654 東京都文京区本郷 7-3-1 東大構内
　　　　電話 03-3811-8814　Fax 03-3812-6958
　　　　振替 00160-6-59964

印刷所　三美印刷株式会社
製本所　矢嶋製本株式会社

Ⓒ 2011 Yuzo Sakamoto
ISBN 978-4-13-062850-1　　Printed in Japan

Ⓡ〈日本複写権センター委託出版物〉
本書の全部または一部を無断で複写複製（コピー）することは，著作権法上での例外を除き，禁じられています．本書からの複写を希望される場合は，日本複写権センター（03-3401-2382）にご連絡ください．

安藤忠雄
建築を語る 菊判・264頁・2,800円

安藤忠雄
連戦連敗 菊判・232頁・2,400円

鈴木博之＋東京大学建築学科 編
近代建築論講義 A5判・264頁・2,800円

村上周三
CFDによる建築・都市の環境設計工学 A5判・472頁・5,200円

浅井治彦・益田文和 編
エコデザイン 菊判・136頁・2,600円

秋山　宏
建築物の耐震極限設計［第2版］ B5判・336頁・8,000円

小長井一男
地盤と構造物の地震工学 A5判・208頁・4,200円

香山壽夫
建築意匠講義 B5判・264頁・5,800円

ここに表示された価格は本体価格です．ご購入の
際には消費税が加算されますのでご了承下さい．